PONS

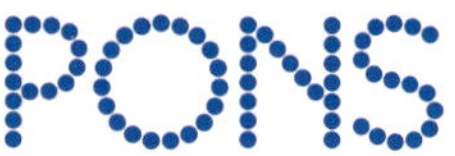

PRAXIS-SPRACHFÜHRER

ITALIENISCH

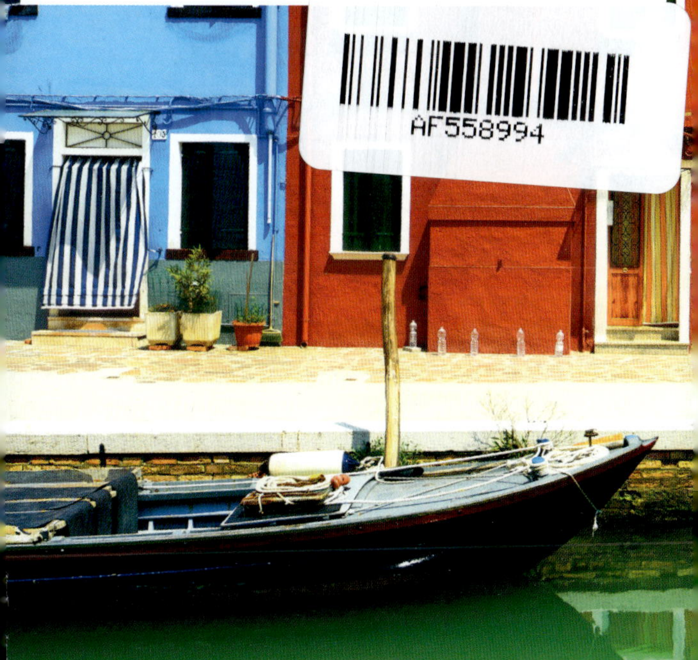

PONS GmbH
Stuttgart

PONS Praxis-Sprachführer
ITALIENISCH

Bearbeitet von: Susanne Magnani, Anette Dralle

Entwickelt auf der Basis des
PONS Reise-Sprachführers Italienisch ISBN 978-3-12-518004-8

1. Auflage 2020 (1,01 - 2020)

www.pons.com
E-Mail: kundenservice@pons.de

Umschlagfoto: shutterstock/StevanZZ
Logoentwurf: Erwin Poell, Heidelberg
Satz: Lumina Datamatics Ltd.
Logoüberarbeitung: Sabine Redlin, Ludwigsburg

Druck und Bindung: Publikum d.o.o.

ISBN 978-3-12-518021-5

Liebe Leserin, lieber Leser,

Sie reisen nach Italien und suchen die passende Sprachbegleitung? Mit dem Praxis-Sprachführer von PONS haben Sie immer die wichtigsten Sätze und Worte besonders schnell zur Hand.

Ob Sie mal eben nach dem Weg fragen oder eine Übernachtung buchen möchten: In **sechs thematischen Kapiteln** finden Sie den passenden vorformulierten Satz für jede Situation. Und wenn es schnell gehen muss, schlagen Sie einfach im **Italienisch-Deutschen, Deutsch-Italienischen** Wörterbuch nach, der den wichtigsten Wortschatz von A wie *Abendessen* bis Z wie *Zwischenlandung* für Sie enthält.

Alle Themen sind für Sie mit dem innovativen **Farbleitsystem** gekennzeichnet und dadurch ohne langes Blättern ganz einfach zu finden. Die **praktische Ringbindung** unterstützt Sie dabei ganz besonders in der Handhabung dieses Sprachführers: Einmal im Restaurant z.B. die Speisekarte aufgeschlagen, können Sie den Sprachführer bequem wieder in die Tasche stecken und bei Bedarf erneut herausziehen und haben immer die Speisekarte parat, ohne erneutes langes Blättern.

Ganz gleich, ob Sie einen Kurztrip oder eine längere Reise planen: Der Praxis-Sprachführer von PONS bietet Ihnen alles was Sie brauchen, um sich unterwegs schnell, bequem und sicher zu verständigen.

Eine schöne Reise wünscht Ihnen

Ihre

PONS Redaktion

INHALT

ESSEN UND TRINKEN 53

EINKAUFEN 81

ÜBERNACHTEN 107

FÜR ALLE FÄLLE 121

WÖRTERBUCH 145

KÖNNEN SIE MIR DAS BUCHSTABIEREN?

In manchen Situationen, z. B. am Telefon, hilft meist nur das Buchstabieren. Damit es dabei zu keinen Missverständnissen kommt, anbei für Sie das Alphabet mit der richtigen Aussprache.

A	a	[a]	N	n	[ˈɛnne]
B	b	[bi]	O	o	[O]
C	c	[tʃi]	P	p	[pi]
D	d	[di]	Q	q	[ku]
E	e	[e]	R	r	[ˈɛrre]
F	f	[ˈɛffe]	S	s	[ˈɛsse]
G	g	[dʒi]	T	t	[ti]
H	h	[ˈakka]	U	u	[u]
I	i	[i]	V	v	[vu]
J	j	[i ˈluŋga]	W	w	[ˈdoppia vu]
K	k	[ˈkappa]	X	x	[iks]
L	l	[ˈɛlle]	Y	y	[ˈipsilon]
M	m	[ˈɛmme]	Z	z	[ˈdzɛ:ta]

om: Die Spanische Treppe
der Dämmerung.

DIE BASICS

Für den leichten Einstieg: Hier finden Sie die nützlichsten Wörter und Ausdrücke auf einen Blick.

Das Wichtigste in Kürze

Ja.
Sì.

Nein.
No.

Bitte.
Per favore.

Danke!
Grạzie!

Vielen Dank!
Grạzie tante!

Danke, gleichfalls!
Grạzie, altrettanto!

Bitte!/Gern geschehen!
Prego!/Non c'è di che!

Nichts zu danken!
Di niente!

Wie bitte?
Come dice?

Non ho capito.
Ich habe nicht verstanden.

Selbstverständlich!
Certo!

Einverstanden!
D'accordo!

In Ordnung!
Va bene!

Entschuldigung!/Verzeihung!
Scusi!

Einen Augenblick, bitte!
Un momento, per favore!

Hilfe!
Aiuto!

Ich hätte gerne ...
Vorrei ...

Gibt es ...?
C'è/Ci sono ...?

Im Gespräch

BEGRÜSSEN

Guten Tag!
Buon giorno.

Guten Morgen!
Buon giorno.

Guten Abend!
Buona sera.

Hallo!/Grüß dich!
Ciạo!

Wie geht es Ihnen?
Come sta?

Wie geht's?
Come va?

Danke. Und Ihnen/dir?
Bene, grazie. E Lei/tu?

SICH VORSTELLEN

Wie ist Ihr Name, bitte?
Come si chiama?

Wie heißt du?
Come ti chiami?

Ich heiße ...
Mi chiamo ...

Darf ich bekannt machen? Das ist ...
Le posso presentare ...? Questa/Questo è ...

- *Frau X/Herr X.*
  la signora X/il signor X.
- *mein Mann/Sohn.*
  mio marito/figlio.
- *meine Frau/Tochter.*
  mia moglie/figlia.
- *mein Freund/fester Freund.*
  il mio amico/ragazzo.
- *meine Freundin/feste Freundin.*
  la mia amica/ragazza.
- *mein Lebenspartner/meine Lebenspartnerin.*
  il mio compagno/la mia compagna.
- *mein Partner/meine Partnerin.*
  il mio/la mia partner.

Darf ich Ihnen/dir meine Visitenkarte geben?
Le/Ti posso dare il mio biglietto da visita?

SO VIEL ZEIT MUSS SEIN

Italiener legen großen Wert auf Titel und Berufsbezeichnungen. Der Rechtsanwalt Rossi wird z. B. üblicherweise mit **l'avvocato** Rossi vorgestellt. Den Titel **dottore/dottoressa** trägt jeder, der ein Hochschulstudium absolviert hat, und außer Grundschullehrern werden alle Lehrer und Dozenten mit **professore/professoressa** angesprochen. Selbst Anreden wie **ragioniere/ragioniera** (*Buchhalter/in*) oder **ingegnere** (*Ingenieur/in*) werden Sie häufig hören.

SICH VERABSCHIEDEN

Auf Wiedersehen!
Arrivederci!/ArrivederLa!

Bis bald!
A presto!

Bis später!
A più tardi!

ARRIVEDERCI ODER CIAO?

Ciao sagt man in Italien wirklich nur, wenn man sich gut kennt oder miteinander befreundet ist. Vermeiden Sie diesen kumpelhaften Gruß in Geschäften, Bars und Restaurants und sagen Sie lieber **Arrivederci** oder **ArrivederLa!**

Bis morgen!
A domani!

Mach's gut!
Stammi bene!

Gute Nacht!
Buona notte!

Tschüss!
Cịao!

Gute Reise!
Buon vịaggio!

Es war schön, Sie/dich kennenzulernen.
Che bello averLa/ti conosciuta/-o.

Höflichkeit

BITTE

Bitte.
Per favore.

Ja, bitte.
Sì, grạzie.

Nein, danke.
No, grạzie.

Gestatten Sie?
Permette?

Können Sie mir bitte helfen?
Mi può aiutare, per favore?

BITTE IST NICHT GLEICH BITTE

Wenn Sie jemanden um eine Gefälligkeit bitten, können Sie entweder **per favore**, **per piacere** oder **per cortesia** sagen.

Prego dagegen verwendet man als Antwort auf **grazie** oder auch, wenn man jemandem etwas anbietet: **Ecco la birra, prego!**

ENTSCHULDIGUNG

Entschuldigen Sie!
Scusi!

Das tut mir sehr leid!
Mi dispiace molto!

Tut mir leid, (dass ich zu spät komme).
Mi dispiace (per il ritardo).

Wer? Wie? Was?

Wer?
Chi?

Was?
Che cosa?

Welcher?/Welche?/Welches?
Quale?

Wem?
A chi?

Wen?
Chi?

Wo?
Dove?

Wo ist …?/Wo sind …?
Dov'è …?/Dove sono …?

Wie viel?
Quanto?

Zeitangaben

UHRZEIT UND TAGESZEITEN

Wie viel Uhr ist es bitte?
Che ore sono/Che ora è, per favore?

Es ist genau …
Sono le …/È l'… in punto.

Es ist ungefähr …
Sono circa …

- *3 Uhr.*
  le tre.
- *5 nach 3.*
  le tre e cinque.
- *3 Uhr 10.*
  le tre e dieci.
- *Viertel nach 3.*
  le tre e un quarto.
- *halb 4.*
  le tre e mezza.

- *Viertel vor 4.*
  le quattro meno un quarto.
- *5 vor 4.*
  le quattro meno cinque.

Es ist 1 Uhr.
È l'una.

Es ist 12 Uhr Mittag/Mitternacht.
È mezzogiorno/mezzanotte.

Um wie viel Uhr?/Wann?
A che ora?/Quando?

Um 1 Uhr.
All'una.

Um 2 Uhr.
Alle due.

Gegen 4 Uhr.
Verso le quattro.

In einer Stunde.
Fra un'ora.

In zwei Stunden.
Fra due ore.

Nicht vor 9 Uhr morgens.
Non prima delle nove del mattino.

Nach 8 Uhr abends.
Dopo le otto di sera.

Wie lange?
Per quanto tempo?

Zwei Stunden (lang).
Per due ore.

Von 10 bis 11.
Dalle diẹci alle ụndici.

Seit wann?
Da quando?

Seit 8 Uhr morgens.
Dalle otto del mattino.

Seit einer halben Stunde.
Da mezz'ora.

Seit einer Woche.
Da una settimana.

ab und zu	di tanto in tanto
abends	la sera
am Wochenende	il fine settimana
bald	presto
diese Woche	questa settimana
früh	presto
gegen Mittag	verso mezzogiorno
gestern	ieri
heute	oggi
heute Morgen/ heute Abend	stamattina/stasera
in 14 Tagen	fra quịndici giọrni
in einer Woche	fra una settimana
jeden Tag	ogni giorno
jetzt	ora, adesso
kürzlich	recentemente
manchmal	a volte
mittags	a mezzogiorno
morgen	domani
morgen früh/ morgen Abend	domattina/domani sera

morgens	la mattina
nachmittags	il pomerịggio
nachts	la notte
spät	tardi
stündlich	ogni ora
täglich	tutti i giorni
tagsüber	il giọrno
übermorgen	dopodomani
vor zehn Minuten	dieci minuti fa
vorgestern	l'altro ịeri
vormittags	la mattina

Zahlen

0
zero

1
uno

2
due

3
tre

4
quattro

5
cịnque

6
sei

7
sette

8
otto

9
nove

10
dieci

11
ụndici

12
dọdici

13
trẹdici

14
quattọrdici

15
quịndici

16
sẹdici

17
diciassette

18
diciọtto

19
diciannove

20
venti

21
ventuno

22
ventidụe

23
ventitré

24
ventiquattro

25
venticịnque

26
ventisẹi

27
ventisette

28
ventotto

29
ventinove

30
trenta

31
trentuno

32
trentadụe

40
quaranta

50
cinquanta

60
sessanta

70
settanta

80
ottanta

90
novanta

100
cento

101
centoụno

200
duecento

300
trecento

1000
mille

2000
duemila

3000
tremila

10 000
diecimila

100 000
centomila

1 000 000
un milione

2019
duemiladiciannove

2020
duemilaventi

1.
primo

2.
secondo

3.
terzo

4.
quarto

5.
quinto

6.
sesto

7.
sẹttimo

8.
ottavo

9.
nono

10.
dẹcimo

1/2
un mezzo

1/3
un terzo

1/4
un quarto

3/4
tre quarti

3,5 %
tre vịrgola cinque per cento

27 °C
ventisette gradi

-5 °C
cịnque gradi sotto zero

Millimeter
millịmetro

Zentimeter
centịmetro

Meter
metro

Kilometer
chilọmetro

Seemeile
mịglio marino

Liter
litro

Gramm
grammo

Pfund
mezzo chilo

100 Gramm
un etto

Kilogramm
chilogrammo

UNTERWEGS

Einreisen

Haben Sie etwas zu verzollen?
Ha niente da dichiarare?

Muss ich das verzollen?
Questo lo devo sḍoganare?

PERSONALIEN

Familienname … il cognome
Familienstand … stato di famịglia
– ledig … *(Mann)* cẹlibe; *(Frau)* nụbile
– verheiratet … sposato/a
– verwitwet … vẹdovo/a
Geburtsdatum … data di nạscita
Geburtsname … il cognome da ragazza
Geburtsort … luogo di nạscita
Staatsangehörigkeit … nazionalità
Vorname … il nome
Wohnort … domicịlio

AN DER GRENZE

Ausreise … passạggio di confine
Einreise … entrata (in territorio straniero)
EU-Bürger … cittadino europeo
Führerschein … la patente
Grenzübergang … frontiẹra, il confine
grüne Versicherungskarte … carta verde
gültig … vạlido
Nationalitätskennzeichen … targa di nazionalità
Nummernschild … targa
Passkontrolle … controllo dei passaporti
Personalausweis … carta d'identità
Reisepass … passaporto
Visum … visto

Zoll	dogana
zollfrei	esente da dạzio doganale
Zollgebühren	le tariffe doganali
zollpflichtig	soggetto a dạzio doganale

Fragen nach dem Weg

ORTSANGABEN

links	a sinistra
rechts	a destra
geradeaus	d(i)ritto
vor	prima di; davanti a
hinter	dietro
nach	dopo
neben	vicino a
gegenüber	di fronte a
hier	qui
dort	là
nah	vicino
weit	lontano
Ampel	semạforo
Straße	strada, via
Straßenecke	ạngolo della strada
Kreuzung	incrọcio
Kurve	curva

WO GEHT ES LANG?

Entschuldigen Sie bitte, wie komme ich nach ...?
Senta, scusi, per andare a ...?

Immer geradeaus bis ...
Sempre d(i)ritto fino a ...

Dann bei der Ampel links/rechts abbiegen.
Poi al semạforo svolti a sinistra/destra.

Bitte, ist das die Straße nach ...?
Scusi, è questa la strada per ...?

Entschuldigung, wo ist bitte ...?
Scusi signore/signora/signorina, dov'è ...?

Tut mir leid, das weiß ich nicht.
Mi dispiace, non lo so.

Gehen Sie geradeaus/nach links/nach rechts.
Vada d(i)ritto/a sinistra/a destra.

Erste/Zweite Straße links/rechts.
La prima/seconda strada a sinistra/a destra.

Überqueren Sie ...
Attraversi ...

- ***die Brücke.***
  il ponte.
- ***den Platz.***
  la piazza.
- ***die Straße.***
  la strada.

Auf Zwei- und Vierrädern

A BIS Z FÜR FAHRER

Autobahn	autostrada
Hauptstraße	strada principale
Landstraße	strada provinciale
Maut	il pedạggio
Nebenstraße	strada secondạria
Promillegrenze	il lịmite (mạssimo consentito) di ạlcol nel sạngue
Rastplatz	piazzọla di sosta
Raststätte	l'ạrea di servịzio, l'autogrịll *(m)*

DIE AUTOBAHNEN IN ITALIEN ...

... sind gebührenpflichtig. An der Autobahneinfahrt müssen Sie an der **stazione di servizio** (*der Mautstelle*) ein Ticket ziehen. Dieses sollten Sie sorgfältig aufbewahren und bei der Ausfahrt wieder zur Berechnung der Straßengebühr vorweisen, um den fälligen Betrag dann per Kreditkarte, Viacard oder Bargeld zu begleichen. Wer das Warten an den Mautstationen ganz vermeiden will, besorgt sich vor der Reise am besten eine Telepass-Box.

Schnellstraße	superstrada
Stau	coda
trampen	viaggiare in autostọp
Wegweiser	l'indicazione *f* stradale

AN DER TANKSTELLE/RASTSTÄTTE

Wo ist bitte die nächste Tankstelle?
Dov'è la prọssima stazione di servịzio, per favore?

Gibt es hier eine Elektrotankstelle?
Ci sono delle staziọni di ricạrica per vẹicoli elẹttrici da queste parti?

Ich möchte ... Liter ...
Vorrei ... litri di ...

- *Super.*
  super.
- *Super plus.*
  super più.
- *Diesel.*
  gasọlio.

Volltanken, bitte!
Il pieno, per favore!

Ich hätte gern eine Straßenkarte dieser Gegend.
Vorrei una carta stradale di questa zona.

Wo sind bitte die Toiletten?
Scusi, dov'è il bagno?

Gibt es eine Behindertentoilette?
C'è una toilette per disạbili?

BLITZER AUF ITALIENISCHEN STRASSEN

Das Tempolimit sollte unbedingt beachtet werden, denn das Bußgeld (**multa**) kann ganz schön hoch ausfallen. Sowohl fest installierte Radarkontrollen als auch mobile Blitzer werden durch ein Schild mit dem Hinweis **controllo elettronico della velocità** oder **autovelox** angekündigt.

HINWEISE UND INFORMATIONEN

Attenzione …… Vorsicht
Bivio …… Abzweigung
Cạmbio corsia …… Fahrbahn wechseln
Cantiere ẹdile …… Baustelle
Chiusura tratto stradale …… Straßensperrung
Circonvallazione …… Umgehungsstraße
Code a tratti …… streckenweise stockender Verkehr
Curva pericolosa …… Gefährliche Kurve
Dare la precedenza …… Vorfahrt achten
Deviazione …… Umleitung
Discesa pericolosa …… Starkes Gefälle
Disco orạrio …… Parkscheibe
Divieto di sorpasso …… Überholen verboten
Divieto di sosta …… Halten verboten
Coda …… Stau
Lavori in corso …… Straßenarbeiten
Lịmite di velocità …… Geschwindigkeitsbegrenzung
Mẹttersi in fila …… Bitte einordnen
Ospedale …… Krankenhaus
Parchẹggio …… Parkplatz
Passạggio a livello incustodito …… Unbeschrankter Bahnübergang

Passạggio pedonale	Zebrastreifen
Perịcolo	Gefahr
Pista ciclạbile	Radweg
Ponte	Brücke
Principiante	Anfänger
Rotatoria	Kreisverkehr
Rallentare	Langsamer fahren
Scuola	Schule
Senso ụnico	Einbahnstraße
Sottopassạggio	Fußgängerunterführung
Strada sdrucciolẹvole	Rutschgefahr
Tamponamento	Auffahrunfall
Tenere la destra	Rechts fahren
Tenere lịbero l'accesso	Ausfahrt freihalten
Uscita	Ausfahrt
Vietato al trạffico	Gesperrt für alle Fahrzeuge
Vietato l'accesso	Keine Einfahrt
Zona a disco orạrio	Kurzparkzone *(Parkscheibe)*
Zona pedonale	Fußgängerzone

PARKEN

Entschuldigen Sie bitte, gibt es hier in der Nähe eine Parkmöglichkeit?
Scusi, c'è un parchẹggio qui vicino?

Kann ich den Wagen hier abstellen?
Posso lasciare la mạcchina qui?

Wie hoch ist die Parkgebühr pro Stunde?
Qual è la tariffa per un'ora?

EINE PANNE

Ich habe eine Panne.
Ho un guasto/una panne.

Ich habe einen Platten.
Ho una gomma a terra.

Ich habe kein Benzin mehr.
Non ho più benzina.

Die Batterie ist leer.
La batterịa è scạrica.

Können Sie mir Starthilfe geben?
Potrebbe aiutarmi ad avviare la mạcchina?

Wo ist hier in der Nähe eine Werkstatt?
Scusi signore/signora/signorina, c'è un'officina qui vicino?

Würden Sie bitte den Pannendienst anrufen?
Potrebbe telefonare al soccorso stradale?

Würden Sie mir bitte einen Mechaniker/ einen Abschleppwagen schicken?
Mi potrebbe mandare un meccạnico/ un carro attrezzi?

Könnten Sie mir beim Reifenwechsel helfen?
Mi potrebbe aiutare a cambiare la ruota?

Würden Sie mich bis zur nächsten Werkstatt mitnehmen?
Mi potrebbe dare un passạggio fino alla prọssima officina?

Abschleppdienst	autosoccorso
abschleppen	rimorchiare, trainare
Abschleppseil	cavo da rimọrchio
Abschleppwagen	carro attrezzi
Benzinkanister	lattina, tạnica
Ersatzrad	ruọta di scorta
Notrufsäule	telẹfono di emergenza
Panne	guasto, panne
Pannendienst	soccorso stradale
Platten	gomma a terra
Starthilfekabel	cavo ausiliạrio per la messa in moto
Wagenheber	il cric
Warnblinkanlage	i lampeggiatori d'emergenza
Warndreieck	triạngolo
Werkzeug	l'utensile *(m)*, attrezzo

IN DER WERKSTATT

Der Motor springt nicht an.
La mạcchina non parte.

… ist/sind defekt.
… è/sono guasto/guasti.

Der Wagen verliert Öl.
La mạcchina perde ọlio.

Können Sie mal nachsehen?
Potrebbe dare un'occhiata, per favore?

Wechseln Sie bitte die Zündkerzen aus.
Cambi le candele, per favore.

Machen Sie bitte nur die nötigsten Reparaturen.
Fạccia soltanto le riparazioni indispensạbili, per favore.

Wann ist der Wagen/das Motorrad fertig?
Quando sarà pronta la mạcchina/la motocicletta?

Was wird es ungefähr kosten?
Quanto costerà su per giù?

Abblendlicht	i fari anabbaglianti
Alarmanlage	il sistema d'allarme
Anlasser	motorino d'avviamento
Auspuff	tubo di scappamento, marmitta
Automatik(getriebe)	cạmbio automạtico
Benzinpumpe	pompa della benzina
Blinklicht	il lampeggiatore, la frẹccia
Bremse	freno
Bremsflüssigkeit	ọlio per freni
Bremslichter	gli stop
Fernlicht	i fari abbaglianti
Frostschutzmittel	antigelo

Gang	mạrcia
– erster Gang	la prima
– Leerlauf	la folle
– Rückwärtsgang	mạrcia indiẹtro
Gaspedal	l’acceleratore *(m)*
Getriebe	cạmbio
Handbremse	freno a mano
Hupe	il clacson
Kofferraum	bagagliạio
Kühler	il radiatore
Kühlwasser	ạcqua di raffreddamento
Kupplung	la frizione
Kurzschluss	corto circụito
Motor	il motore
Öl	ọlio
Ölwechsel	cạmbio dell’ọlio
Rad	ruọta
Reifen	pneumạtico
Rücklicht	fanalino posteriore
Rückspiegel	specchiẹtto retrovisore
Scheibenwischer	tergicristallo
Scheinwerfer	faro
Sicherheitsgurt	cintura di sicurezza
Standlicht	le luci di posizione
Stoßstange	il paraụrti
Tachometer	tachịmetro
Tank	serbatọio
Verbandskasten	il kit di pronto soccorso
Windschutzscheibe	il parabrezza
Zündkerze	candela
Zündung	l’accensione *(f)*

VERKEHRSUNFALL

Es ist ein Unfall passiert!
C'è stato un incidente!

Rufen Sie bitte schnell ...
Chiami sụbito ...

- ***einen Krankenwagen!***
  un'autoambulanza!
- ***die Polizei!***
  la polizia!
- ***die Feuerwehr!***
  i vịgili del fuoco!

Haben Sie Verbandszeug?
Ha del materiale di pronto soccorso?

Sie haben ...
Lei ...

- ***die Vorfahrt nicht beachtet.***
  non ha rispettato la precedenza.
- ***nicht geblinkt.***
  non ha messo la frẹccia.

Sie sind ...
Lei ...

- ***zu schnell gefahren.***
  andava troppo forte.
- ***bei Rot über die Kreuzung.***
  è passato/a col rosso.

Geben Sie mir bitte Ihren Namen und Ihre Anschrift.
Mi dịa il Suo nome e indirizzo.

AUTO-, MOTORRAD- UND FAHRRADVERMIETUNG

Ich möchte für zwei Tage/eine Woche ... mieten.
Vorrei noleggiare per due giorni/una settimana ...

- *einen Wagen*
  una mạcchina.
- *einen Geländewagen*
  un fuoristrada.
- *ein Motorrad*
  una moto(cicletta).
- *einen Motorroller*
  uno scooter.
- *ein Fahrrad*
  una bicicletta.

Bitte mit ...
Con ..., per favore.

- *Automatik.*
  il cạmbio automạtico
- *Klimaanlage.*
  il climatizzatore
- *Navigationsgerät.*
  il navigatore

Gibt es für Körperbehinderte Leihwagen mit Handgas?
Ci sono delle auto a nolẹggio per disabili con acceleratore a mano?

Wie hoch ist die Tages-/Wochenpauschale?
Qual è il forfait giornaliero/settimanale?

Wie viel verlangen Sie pro gefahrenem Kilometer?
Quanto si paga per ogni chilọmetro percorso?

Ist das Fahrzeug vollkaskoversichert?
Il veịcolo è assicurato con la polizza kasko?

Haben Sie eine Straßenkarte?
Ha una carta stradale?

Ich möchte auch einen Schutzhelm leihen.
Vorrei anche noleggiare un casco.

Verleihen Sie Kinderautositze?
Noleggia dei seggiolini auto (per bambini)?

Führerschein	la patente
Handbike	bicicletta per disabili
Handgas	l'acceleratore *(m)* a mano
hinterlegen	depositare
Kaution	la cauzione
Kindersitz	seggiolino auto (per bambini)
Kindersitzkissen	il sedile auto per bambini
Lenkraddrehknopf	manopola sul volante
Papiere	i documenti
Sturzhelm	casco
Teilkasko	l'assicurazione *(f)* con franchigia
grüne Versicherungskarte	carta verde
Vollkasko	l'assicurazione *(f)* kasko
Zündschlüssel	chiavetta di accensione

Mit dem Flugzeug

EINEN FLUG BUCHEN

Ich möchte einen einfachen Flug nach ...
Vorrei prenotare un volo di sola andata per ...

Ich möchte einen Hin- und Rückflug nach ... buchen.
Vorrei prenotare un volo di andata e ritorno per ...

Was kostet bitte das Flugticket in der Economy/ Business Class?
Scusi, quanto costa il biglietto aereo in economy/ business class?

Ich möchte bitte ...
Per favore vorrẹi ...

- *einen Fensterplatz.*
  un posto al finestrino.
- *einen Platz am Gang.*
  un posto al corridọio.

Ich möchte diesen Flug stornieren.
Vorrei annullare questo volo.

Ich möchte diesen Flug umbuchen.
Vorrei prẹndere un altro volo.

AM FLUGHAFEN

Wo ist bitte ...
Scusi, dov'è ...

- *... der Schalter der ...-Fluggesellschaft?*
  ... lo sportello della compagnịa aẹrea ...?
- *... Halle/Terminal ...?*
  ... la hall/il tẹrminal ...?
- *... der Check-in-Automat?*
  ... l'apparẹcchio automạtico per il check-in?

Könnte ich bitte Ihr Flugticket sehen?
Potrei vedere il Suo biglietto?

Kann ich das/diese Flüssigkeit als Handgepäck mitnehmen?
Posso portare questo/questo lịquido nel bagạglio a mano?

Ich habe einen Laptop im Handgepäck.
Ho un computer portatile nel bagạglio a mano.

Kann ich einen eigenen (faltbaren) Rollstuhl/einen Buggy im Flugzeug mitnehmen?
Posso portare in aẹreo la mia sedia a rotelle/il passeggino pieghẹvole?

Wann landet die Maschine aus ...?
Quando atterra l'aẹreo da ...?

ANKUNFT

Mein Gepäck ist verloren gegangen.
Il mio bagạglio è stato smarrito.

Mein Koffer ist beschädigt worden.
La mia valịgia è stata danneggiata.

Von wo fährt der Bus in Richtung ... ab?
Da dove parte il bus in direziọne ...?

Abflug	decollo
Ankunft	arrivo
Ankunftszeit	orạrio d'arrivo
Anschluss	coincidenza
Auslandsflug	volo internazionale
Bordkarte	carta d'imbarco
Check-in-Schalter	banco check-in
Duty-free-Shop	il duty free
einchecken	fare il check-in
elektronisches Ticket	il bigliẹtto elettrọnico
Flug	volo
Flugbegleiter/in	l'assistente *(m, f)* di volo
Flughafen	aeroporto
Flugsteig, Gate	il gate
Gepäck	bagạglio
Gepäckausgabe	consegna del bagạglio
Gepäckwagen	il vagone bagạgli
Inlandsflug	volo nazionale
Internetbuchung	la prenotaziọne online
Landung	atterrạggio
Notausgang	uscita d'emergenza
Notlandung	atterrạggio di fortuna
Notrutsche	scịvolo d'emergenza
Passagier	passeggero
Pilot	il pilota
Schwimmweste	giubbetto di salvatạggio
Sicherheitskontrolle	controllo di sicurezza
Spucktüte	il sacchetto
stornieren	annullare

Terminal	il terminal
Übergewicht haben	superare il peso consentito
umbuchen	cambiare il biglietto
Verspätung	ritardo
Zwischenlandung	scalo

Auf Schienen

IM BAHNHOF

Wo kann ich eine Fahrkarte kaufen?
Dove posso comprare il biglietto?

Ich möchte diesen Koffer als Reisegepäck aufgeben.
Vorrei spedire questa valigia come bagaglio.

Wo kann ich mein Fahrrad aufgeben?
Dove posso consegnare la mia bicicletta per la spedizione?

Wann fährt der Zug nach ...?
Quando parte il treno per ...?

Entschuldigen Sie bitte, von welchem Gleis fährt der Zug nach ... ab?
Senta, scusi, da quale binario parte il treno per ...?

FAHRKARTEN KAUFEN

Zwei Karten nach ..., einfach bitte.
Due biglietti per ..., solo andata, per favore.

2. Klasse/1. Klasse
2a classe/1a classe

Bitte eine Rückfahrkarte nach ...
Vorrei un biglietto di andata e ritorno per ...

Gibt es eine Ermäßigung für Kinder/Studenten/Senioren?
C'è una riduzione per bambini/studenti/pensionati?

Gibt es einen Spartarif?
C'è una tariffa ridotta?

Ich möchte gern zwei Plätze reservieren:
Vorrẹi prenotare due posti:

- *für den EC nach ...*
  nell'EC per ...
- *am ... um ... Uhr*
  per il/l' ... alle/all'

IM ZUG

Verzeihung, ist dieser Platz noch frei?
Scusi, è lịbero questo posto?

Entschuldigen Sie, ich glaube, das ist mein Platz.
Scusi, ma questo è il mio posto, credo!

Könnte mir jemand behilflich sein?
Mi potrebbe aiutare qualcuno?

Abfahrt	partenza
Abteil	scompartimento
Ankunft	arrivo
Aufenthalt	fermata
Ausdruck	il bigliẹtto cartạceo
aussteigen	scẹndere
Bahnhof	la stazione
Begleitperson	l'accompagnatore/trice
einsteigen	salire
Ermäßigung	la riduzione
Fahrkarte	biglietto
Fahrkartenkontrolle	controllo dei biglietti
Fahrkartenschalter	biglietteria
Fahrplan	orạrio
Fahrpreis	prezzo del biglietto
Fensterplatz	posto al finestrino
Gepäck	bagạglio
Gepäckschalter	sportello accettazione bagagli
Gleis	binạrio
Großraumwagen	il vagone senza scompartimenti

Hauptbahnhof	la stazione centrale
Internetbuchung	la prenotazione online
Kinderfahrkarte	biglietto per bambini
Nichtraucherabteil	scompartimento per non fumatori
Platzreservierung	la prenotazione
Reservierung	la prenotazione
Rückfahrkarte	biglietto di andata e ritorno
Schaffner/in	il controllore
Schließfach	armadietto
Speisewagen	il vagone ristorante
Wagennummer	numero del vagone
Wartesaal	sala d'aspetto
Zug	treno
Zugbegleiter/in	conduttore/conduttrice
Zuschlag	supplemento

DER FAHRKARTENAUTOMAT

In den Bahnhöfen der Großstädte kann man sich seine Fahrkarte am Automat kaufen. Sie können dabei bar oder mit EC-/Kreditkarte bezahlen. Bitte denken Sie auch daran, Ihre Tickets vor der Abfahrt an den entsprechenden Automaten auf den Bahnsteigen zu entwerten.

Sollten Sie in kleineren Orten unterwegs sein, buchen Sie Ihre Karten am besten online (www.trenitalia.com).

HINWEISE UND INFORMATIONEN

Ai binari	Zu den Bahngleisen
Armadietti	Schließfächer
Arrivi	Ankunft
Deposito bagagli	Gepäckaufbewahrung
Informazioni	Auskunft
Orario	Fahrplan
Partenze	Abfahrt
Pronto soccorso	Sanitätsstelle
Rinfreschi	Erfrischungen
Sala d'aspetto	Wartesaal
Signore	Damen
Signori	Herren
Sottopassaggio	Unterführung
Sportello biglietti	Fahrkartenschalter
Toilette	Toiletten
Uscita	Ausgang

Auf dem Wasser

EINE SCHIFFSFAHRT BUCHEN

Könnten Sie mir bitte sagen, wann das nächste Schiff/ die nächste Fähre nach ... abfährt?
Scusi, saprebbe dirmi quando parte la prọssima nave/ il prọssimo traghetto per ...?

Wie lange dauert die Überfahrt?
Quanto dura la traversata?

Wann legen wir in ... an?
Quando attracchiamo a ...?

Wie lange haben wir in ... Aufenthalt?
Quanto ci fermiamo a ...?

Ich möchte bitte ...
Vorrei ..., per favore.

- *eine Schiffskarte nach ...*
  un biglietto per ...
- *ein Ticket 1. Klasse.*
  un biglietto di prima classe
- *eine Einzelkabine.*
  una cabina sịngola
- *eine Zweibettkabine.*
  una cabina dọppia

Ich möchte eine Karte für die Rundfahrt um ... Uhr.
Vorrei un biglietto per il giro delle ...

AN BORD

Ich suche Kabine Nr. ...
Cerco la cabina nụmero ...

Wo ist bitte der Speisesaal/der Aufenthaltsraum?
Dov'è la sala da pranzo/il salone, per favore?

Könnten Sie bitte den Schiffsarzt rufen?
Per favore, chiami il mẹdico di bordo!

Könnten Sie mir bitte ein Mittel gegen Seekrankheit geben?
Per favore, mi dịa un rimẹdio contro il mal di mare.

anlegen in	far scalo/attraccare a
Anlegestelle	l'attracco
Buchung	la prenotazione
Dampfer	pirọscafo, la nave a vapore
Deck	il ponte
Fähre	traghetto
- Autofähre	autotraghetto
Fahrkarte	biglietto
Festland	terraferma
Hafen	porto
Kabine	cabina
Kai	banchina
Kapitän	capitano
Klimaanlage	il climatizzatore
Kreuzfahrt	crociẹra
Küste	costa
Landausflug	l'escursione *(f)* a terra
Rettungsboot	scialuppa di salvatạggio
Rettungsring	il salvagente
Rundfahrt	giro
Schwimmweste	giubbetto di salvatạggio
Seegang	moto ondoso
seekrank sein	avere il mal di mare

Mit Bus und Bahn

Bitte, wo ist die nächste ...
Scusi, dov'è la prọssima ...

- ***Bushaltestelle?***
  fermata dell'ạutobus?
- ***Straßenbahnhaltestelle?***
  fermata del tram?
- ***U-Bahnstation?***
  fermata della metropolitana?

Entschuldigen Sie, ist das der Bus nach ...?
Scusi, è questo l'ạutobus per ...?

Entschuldigen Sie, wo muss ich aussteigen/ umsteigen?
Scusi, dove devo scẹndere/cambiare?

Könnten Sie mir bitte Bescheid geben, wenn ich aussteigen muss?
Senta, scusi, potrebbe avvertirmi quando devo scẹndere?

Gibt es ...
Ci sono dei ...

- ***Tageskarten?***
  bigliẹtti giornaliẹri?
- ***Wochenkarten?***
  bigliẹtti settimanali?
- ***Touristentickets?***
  bigliẹtti speciạli per turisti?

Bitte einen Fahrschein nach ...
Un biglietto per ..., per favore.

Der Fahrkartenautomat ist kaputt/defekt.
Il distributore automatico dei biglietti è rotto/guasto.

Abfahrt	partenza
Bus	l'ạutobus *(m)*
Busbahnhof	la stazione degli ạutobus

einsteigen	salire
Endstation	il capolịnea
entwerten	obliterare
Fahrkartenautomat	il distributore automạtico dei biglietti
Fahrplan	orạrio
Fahrpreis	prezzo del biglietto
Fahrschein	biglietto
Haltestelle	fermata
Kontrolleur	il controllore
Mehrfahrtenkarte	carta mụltipla
Nahverkehrszug	treno locale
Richtung	la direzione
Stadtbus	l'ạutobus *(m)* urbano
Straßenbahn	il tram
U-Bahn	metropolitana
Überlandbus	l'ạutobus *(m)* interurbano
Zahnradbahn	ferrovia a cremagliera

Mit dem Taxi

Hallo! Bitte ein Taxi an die Adresse ... für jetzt gleich/ für (morgen) ... Uhr.
Pronto! Per favore un taxi all'indirizzo ... per sụbito/ per (domani) alle ...

Entschuldigen Sie bitte, wo ist denn der nächste Taxistand?
Senta, scusi, c'è un postẹggio di taxi qui vicino?

Bringen Sie mich bitte zu (dieser Adresse).
Mi porti a (questo indirizzo) per favore.

Zum Bahnhof, bitte.
Alla stazione, per favore.

Zum ... Hotel, bitte.
All'albergo ..., per favore.

In die ...-Straße, bitte.
In via ..., per favore.

Nach ..., bitte.
A ..., per favore.

Könnten Sie bitte hier halten?
Potrebbe fermarsi qui, per favore?

Wie viel kostet es nach ...?
Quanto costa andare a ...?

Könnten Sie mir bitte eine Quittung ausstellen?
Potrebbe rilasciarmi una ricevuta, per favore?

Das ist für Sie.
Questo è per Lei.

anhalten	fermarsi
Hausnummer	nụmero cịvico
Kilometerpreis	prezzo per chilọmetro
Pauschalpreis	prezzo forfettạrio
Quittung	ricevuta
Taxifahrer/in	il/la tassista
Taxistand	postẹggio di taxi
Trinkgeld	mạncia

Sehenswürdigkeiten – Museen

ÖFFNUNGSZEITEN, FÜHRUNGEN, EINTRITTSKARTEN

Wie lange haben Sie geöffnet?
Fino a che ora avete aperto?

Wann beginnt die Führung?
Quando comịncia la vịsita guidata?

Darf man hier fotografieren?
È permesso fotografare?

Zwei Eintrittskarten, bitte!
Due biglietti, per favore!

Zwei Erwachsene und ein Kind.
Due adulti e un bambino.

Gibt es Ermäßigungen für ...
Ci sono riduzioni per ...

- *Kinder?*
  bambini?
- *Studenten?*
  studenti?
- *Senioren?*
  pensionati?
- *Gruppen?*
  gruppi?

Gibt es Sammeleintrittskarten für Museen?
Avete dei biglietti cumulativi per i musei?

Ist die Ausstellung für Gehbehinderte über Aufzüge erreichbar?
I non deambulanti possono accẹdere alla mostra con ascensori?

Gibt es spezielle Führungen/Stadtführungen für Gehörlose?
Esịstono vịsite guidate/giri turịstici della città speciali per non udenti/sordi.

Gibt es Museumsführungen/Theateraufführungen für Taubstumme/Blinde?
Ci sono vịsite guidate nei musei/spettạcoli per sordomuti/ciechi?

Theater, Kino, Konzert

Könnten Sie mir bitte sagen, welches Stück heute Abend im Theater gespielt wird?
Scusi, saprebbe dirmi che pezzo danno stasera a teatro?

Wann beginnt die Vorstellung?
Quando comịncia lo spettạcolo?

Wo bekommt man Karten?
Dove si cọmprano i biglietti?

Ich hatte Karten vorbestellt auf den Namen …
Avevo prenotato dei biglietti a nome di …

Bitte zwei Karten für heute Abend.
Due biglietti per stasera, per favore.

Eintrittskarte	biglietto
Festival	il fẹstival
Kasse	biglietterịa
Pause	intervallo
Programmheft	la brochure del programma
Vorstellung	spettạcolo
Vorverkauf	prevẹndita

THEATER

Akt	atto
Aufführung	spettạcolo
Ballett	balletto
Drama	il dramma
Freilufttheater	teatro all'aperto
Inszenierung	messa in scena
Kabarett	il cabarẹt
Kleinkunstbühne	il cabarẹt
Komödie	commẹdia
Loge	palco
Musical	il mụsical, la commẹdia musicale
Oper	ọpera

Operette	operetta
Parkett	platẹa
Premiere	prima
1./2. Rang	prima/seconda fila di palchi
Schauspiel	teatro
Schauspieler/in	l'attore *(m)*/l'attrice *(f)*
Spielplan	il programma
Tänzer/in	ballerino/a
Theaterstück	ọpera teatrale, commẹdia
Tragödie	tragẹdia
Varietee	il varietạ̀
Volksstück	commẹdia popolare

KONZERT

Blues	il blues
Chor	coro
Dirigent/in	il direttore/la direttrice d'orchestra
Folk	il folk
Jazz	il jazz
Klassik	mụsica clạssica
Konzert	concerto
- Kammerkonzert	concerto da cạmera
- Kirchenkonzert	concerto di mụsica sacra
- Sinfoniekonzert	concerto sinfọnico
Orchester	orchestra
Pop	il pop
Reggae	il reggae

MUSIKGENUSS IN TRAUMHAFTEM AMBIENTE

Bei den bekanntesten Musikveranstaltungen (Oper in der **Arena** von Verona, Konzerte in den **Caracalla-**Thermen in Rom, Musikfestival in Ravello, an der Amalfiküste, der **Maggio Musicale Fiorentino in Florenz**) ist es ratsam, sich schon vor der Anreise Karten zu besorgen.

PAPARAZZO

Der Begriff stammt aus dem legendären Fellini-Film **La dolce vita**. Es ist der Nachname eines arroganten und aufdringlichen Fotografen, der um jeden Preis Fotos von VIPS machen wollte. Die Figur wurde so gut dargestellt, dass alle höchst unangenehmen Fotografen nach ihr benannt werden.

Rock	il rock
Sänger/in	il/la cantante
Solist/in	il/la solista
Soul	il soul
Volksmusik	mụsica popolare

KINO

Film	il film
– Actionfilm	film d'azione
– Dokumentarfilm	film documentạrio
– Drama	tragẹdia
– Klassiker	film clạssico
– Komödie	commẹdia
– Kurzfilm	film a corto metrạggio
– Schwarzweißfilm	film in bianco e nero
– Sciencefictionfilm	film di fantascienza
– Thriller	il thriller
– Zeichentrickfilm	i cartoni animati
Filmschauspieler/in	l'attore/l'attrice *(m/f)* di cịnema
Kino	il cịnema
Originalfassung	la versione originale
Untertitel	sottotịtolo

Ausflug

Besichtigen wir auch ...?
Andiamo anche a vedere ...?

Wann fahren wir zurück?
Quando torniamo?

Ausflug la gita, l’escursione *(f)*

Aussichtspunkt il belvedere

Berg il monte

Botanischer Garten giardino botạnico

Fischerhafen porto di pesca

Fluss il fiụme

Freilichtmuseum museo all’aperto

Freizeitpark parco divertimenti

Gebirge montagna

Grotte grotta

Hinterland il retroterra

Höhle grotta, caverna

Inselrundfahrt giro dell’ịsola

Küste il litorale

Landschaft paesạggio

Maremmen maremma

Markt mercato

Nationalpark parco nazionale

Naturschutzgebiet riserva naturale

Pass passo

Rundfahrt giro

Schlucht gola

See lago

Tagesausflug gita di un giorno

Tal la valle

Tropfsteinhöhle grotta con stalattiti e stalagmiti

Umgebung i dintorni

Vogelschutzgebiet riserva ornitolọgica

Vulkan vulcano

Wald bosco, foresta

Wallfahrtsort luogo di pellegrinạggio

Wasserfall cascata

Wildpark riserva di cạccia

Zoo lo zoo

Ausflugsziele

der ***Mailänder Dom***
il Duomo di Milano

das ***Kolosseum***
il Colosseo

der ***Markusplatz***
Piazza San Marco

Ponte Vecchio
Ponte Vecchio

Galerie der Uffizien
la Galleria degli Uffizi

Basilika San Francesco
la Basilica di San Francesco

der ***Comer See***
il Lago di Como

der ***Mont Blanc***
il Monte Bianco

die ***Blaue Grotte***
la Grotta Azzurra

der ***Vesuv***
il Vesuvio

Königspalast von Caserta
la Reggia di Caserta

die ***Villa d'Este***
Villa d'Este, Tivoli

ESSEN UND TRINKEN

Essen gehen

Wo gibt es hier ...
Scusi, mi potrebbe indicare ...

- ***ein gutes Restaurant?***
  un buon ristorante?
- ***ein nicht zu teures Restaurant?***
  un ristorante dove si spende il giusto?
- ***einen Schnellimbiss?***
  uno snack-bar?

Können Sie uns eine typische Trattoria empfehlen?
Ci può raccomandare una trattoria tipica?

GEWUSST WO ...

... vor allem in Italien, wo Ihnen die Entscheidung, welches Lokal Sie wählen sollen, sicher schwerfallen dürfte:

ristorante - ein Restaurant mit einer großen Speisekarte. Ein vollständiges Essen besteht aus Vorspeise (= **antipasto**), Nudelgericht, Reisgericht oder Suppe (= **primo**), Fleisch- oder Fischgericht (= **secondo**) und Obst, Käse oder Nachspeise. Das bedeutet aber nicht, dass Sie mehrere Gänge bestellen müssen, wenn Ihnen das zu viel wird. Teilen Sie einfach zu Beginn der Bestellung dem Kellner mit, wenn Sie sich auf einen Gang beschränken möchten.

osteria - ursprünglich eine Weinstube (**oste** ist der *Wirt*), ist **osteria** heute einfach nur eine andere Bezeichnung für **ristorante**.

trattoria - eine Art Gaststätte, in der einfachere Speisen und regionale Gerichte angeboten werden. Lassen Sie sich nicht von der Größe oder Einfachheit eines Lokals täuschen, denn gerade die einfache Küche Italiens ist hervorragend. Hier bekommen Sie oft Hausgemachtes, insbesondere wenn es sich um einen Familienbetrieb handelt.

tavola calda - ein Restaurant mit Selbstbedienung. Auch hier müssen Sie u.U. für das **coperto**, das Gedeck, extra bezahlen.

bar - ein Café, in dem die Italiener zu jeder Tageszeit ihren **espresso**, **macchiato**, **cappuccino** oder Aperitif trinken und Kleinigkeiten an der Theke oder am Tisch essen.

paninoteca - ein Lokal, in dem man warme und kalte belegte Brötchen bekommt.

Im Restaurant

Ist dieser Tisch/Platz noch frei?
È lịbero questo tạvolo/posto?

Einen Tisch für zwei/drei Personen, bitte.
Per favore un tạvolo per due/tre persone.

Wir hätten lieber draußen/drinnen einen Tisch.
Preferiamo un tavolo all'esterno/all'interno del ristorante.

Wo sind bitte die Toiletten?
Scusi, dov'è il bagno?

Haben Sie eine Raucherzone?
Avete un'ạrea fumatori?

ZUBEREITUNG

durchgebraten	ben cotto
frittiert	fritto
gar	cotto
gebacken	fritto
gebraten	arrostito
gedämpft	cotto a vapore
gedünstet	stufato
gefüllt	ripiẹno, farcito
gegart	cotto
gegrillt	alla griglia
gekocht	bollito, cotto

FARINATA DI CECI

Pizza kennt jeder. Aber kennen Sie auch die ligurische **farinata di ceci**? Sie hat ebenfalls Pfannkuchenform, besteht aber aus Kichererbsenmehl und wird mit allem Möglichen wie Sardellen, Frischkäse oder Artischocken belegt. Nur eins ist nicht drauf: Tomaten. In der Toskana gibt es diese Leckerei auch, man isst sie allerdings ohne Belag und sie heißt dort **torta di ceci**.

geräuchert	affumicato
geröstet	tostato, arrostito
geschmort	brasato
mager	magro
roh	crudo
saftig	succoso
sauer	agro, aspro
scharf	piccante
süß	dolce
überbacken	gratinato
weich	tẹnero, mọrbido
zart	tẹnero

Bestellen

Ich möchte ...
Vorrei ...

- *die Speisekarte, bitte.*
  il menụ, per favore
- *die Getränkekarte, bitte.*
  la lista delle bevande, per favore.

Ich hätte gerne etwas Typisches aus der Region.
Vorrei un piatto tịpico della regione.

Ich nehme nur einen ersten Gang.
Prendo solo un primo.

Machen Sie auch Kinderportionen?
Fate anche porzioni per i bambini?

BUON APPETITO!

Im Gegensatz zum Frühstück, das in Italien noch oftmals eher mager ausfällt, kommen Sie bei den anderen Mahlzeiten garantiert auf Ihre Kosten:

Das Abendessen, das in den letzten Jahren zur Hauptmahlzeit geworden ist, besteht üblicherweise aus **primo** und **secondo piatto** *Vor- und Hauptspeise*. Als **primo** gibt es **pasta** *ein Nudelgericht*, **riso** *ein Reisgericht* oder **minestra** *eine Suppe*, als **secondo carne** *Fleisch* oder **pesce** *Fisch* mit **contorno**, *einer Beilage*. Den Abschluss bilden immer **un dolce** *eine Süßspeise* oder **frutta** *Obst* und der fast obligatorische **caffẹ̀**.

Pizza ist ein Hauptgericht und wird auch in Italien ohne Beilage gegessen.

Zum Essen wünscht man sich **Buon appetito!** – *Guten Appetit!* und antwortet **Grazie altrettanto!** – *Danke gleichfalls!*

Ich nehme ...
Prendo ...

Könnte ich statt ... ... haben?
Al posto di ... potrei avere ...?

Ich esse kein ...
Non mạngio ...

Wie möchten Sie Ihr Steak haben?
Come vuole la bistecca?

- *gut durch*
  ben cotta
- *halb durch*
  non troppo cotta
- *englisch*
  all'inglese/al sạngue

Ich bin ...
Sono ...

- *Diabetiker/Diabetikerin.*
  diabẹtico/a.
- *Vegetarier/Vegetarierin.*
  vegetariano/a.
- *Veganer/Veganerin.*
  vegano/a.

Ich bin allergisch gegen ...
Ho un'allergia ...

- *Eier.*
  alle uova.
- *Nüsse.*
  alle noci.

Ich bin intolerant gegen ...
Sono intollerante ...

- *Gluten.*
  al glụtine.
- *Laktose.*
  al lattosio.

– Natriumglutamat.
al glutammato di sodio.

Was möchten Sie trinken?
Che cosa desịdera da bere?

Bitte ein Glas ...
Per favore un bicchiere di ...

Bitte eine/eine halbe Flasche ...
Per favore una/mezza bottịglia di ...

Mit Eis, bitte.
Con ghiạccio, per favore.

Guten Appetit!
Buon appetito!

Zum Wohl!
Salute!

Bitte bringen Sie uns ...
Ci porti..., per favore.

Könnten wir noch etwas Brot/Wasser/Wein bekommen?
Ci può portare un altro po' di pane/d'ạcqua/di vino?

Könnten Sie bitte einen Kinderstuhl bringen?
Scusi, potrebbe portarci un seggiolone?

Sich beschweren

Haben Sie mein/e ... vergessen?
Ha dimenticato il mio/la mia ...?

Das habe ich nicht bestellt.
Questo/-a non l'ho ordinato/a.

Die Suppe ist kalt/versalzen.
La minestra è fredda/troppo salata.

Das Fleisch ist zäh/zu fett.
La carne è dura/troppo grassa.

Der Fisch ist nicht frisch.
Il pesce non è fresco.

Nehmen Sie es bitte zurück.
Lo porti indiẹtro, per favore.

Bezahlen

Die Rechnung/Bezahlen, bitte.
Il conto, per favore.

Können wir mit EC-/Kreditkarte bezahlen?
Possiamo pagare con la carta Bancomat/di credito?

Die Rechnung scheint mir nicht zu stimmen.
Il conto non mi pare esatto.

Hat es geschmeckt?
Andava bene?

Das Essen war ausgezeichnet.
Il mangiare era squisito.

EINE FESTGELEGTE TRINKGELDKULTUR ... ... gibt es nicht. Zahlen Sie erst einmal nur die Rechnung. Wenn Sie dann das Lokal verlassen, können Sie das Trinkgeld (die Höhe bleibt Ihnen überlassen) auf dem Tellerchen, auf dem Ihnen die Rechnung serviert wurde, an der Restaurantkasse oder am Tresen liegen lassen.

Eisdiele

Ich möchte eine Kugel/zwei Kugeln Eis.
Vorrei una pallina/due palline di gelato.

Einmal Schokolade und einmal Vanille.
Una al cioccolato e una alla crema.

In der Waffel oder im Becher?
Nel cono o nella coppetta?

Ein gemischtes Eis mit Sahne.
Un gelato misto con panna.

Abendessen	cena
alkoholfrei	analcọlico
Aschenbecher	il portacẹnere
Besteck	le posate
Essig	aceto
fettarm	con pochi grassi
Gabel	forchetta
Gericht	pietanza, piatto
Getränk	bevanda
Gewürz	le spẹzie

PAGARE ALLA ROMANA – DIE GETEILTE RECHNUNG

Geht man mit Freunden aus, bekommt man eine gemeinsame Rechnung. Diese teilt man dann anschließend untereinander auf.

Glas	il bicchiere
– Wasserglas	il bicchiẹre da ạcqua
– Weinglas	il bicchiẹre da vino
glutenfrei	senza glụtine
Gräte	spina, lisca
Hauptspeise	secondo
hausgemacht	fatto in casa
heiß	caldo, bollente
hungrig sein	avere fame
Karaffe	caraffa
Kellner/in	il camerieẹre/la camerieẹra
Ketschup	il ketchup
Kinderteller	la mezza porzione
Knochen	osso
laktosefrei	senza lattosio
Löffel	cucchiạio
– Teelöffel	cucchiaịno
Mayonnaise	la maionese
Menü	il menù
Messer	coltello
Mittagessen	pranzo
Nachtisch	il dessert, il dolce
Öl	ọlio
Parmesankäse	parmigiano
Pfeffer	il pepe
Portion	la porzione
Salatbüfett	il buffet delle insalate
Salz	il sale
Scheibe	fetta
Schüssel	terrina, ciọtola
Senf	la sẹnape

Serviette tovagliọlo
Soße salsa, sugo
Speisekarte il menù
Strohhalm cannụccia
Suppe minestra, zuppa
Süßstoff l'edulcorante *(m)*, il dolcificante

Tagesgericht piạtto del giorno
Tagesmenü il menụ del giorno
Tasse tazza
– Untertasse piattino
Teller piatto
Trinkgeld mạncia
vegan vegano/a
vegetarisch vegetariano
Vorspeise antipasto
Wasser ạcqua
Zucker zụcchero

Menù

SPEISEKARTE

COLAZIONE	FRÜHSTÜCK
caffè amaro	schwarzer Kaffee
caffellatte	Kaffee mit Milch
caffè decaffeinato	koffeinfreier Kaffee
tè al latte/al limone	Tee mit Milch/Zitrone
tisana	Kräutertee
camomilla	Kamillentee
cioccolata	Kakao
succo di frutta/ spremuta	Fruchtsaft/ frisch gepresster Saft
uovo à la coque	weich gekochtes Ei
uova strapazzate	Rühreier
uovo al tegame	Spiegelei
uova con lo speck	Eier mit Speck
il pane	Brot
i panini	Brötchen
il pane tostato	Toast
cornetto	Hörnchen
senza glụtine	glutenfrei
vegano	vegan
integrale	Vollkorn-
cereali	Getreideflocken
burro	Butter
formạggio	Käse
i biscotti	Kekse
prosciutto	Schinken
il miele	Honig
marmellata	Marmelade
il muesli	Müsli
lo yọgurt	Joghurt
la frutta	Obst

ANTIPASTI	VORSPEISEN
antipasto caldo di mare	warme Meeresfrüchtevorspeise
antipasto misto di terra/di mare	gemischte Vorspeise (ohne Fisch)/gemischte Fischvorspeise
bresaola, rucola e parmigiano	Rinderschinken, Rucola und Parmesan
bruschetta al pomodoro	geröstete Weißbrotscheiben mit frischen Tomatenstückchen und Knoblauch
caprese	Tomaten, Mozzarella und Basilikum
carpaccio di pesce spada/tonno	Schwertfisch-/Thunfisch-Carpaccio
farro di mare	Dinkelsalat mit Meeresfrüchten
insalata di mare	Meeresfrüchtesalat
insalata di gamberetti	Krabbencocktail
prosciutto e melone	Parmaschinken mit Melone
rucola e parmigiano	Salat aus Rucola und Parmesan
tonno con fagioli	Salat aus Thunfisch und weißen Bohnen
vitello tonnato	kalte Kalbfleischscheiben in Thunfischsoße

MINESTRE	SUPPEN
crema di pomodori	Tomatencremesuppe
minestrone	dicke Gemüsesuppe
pasta e fagioli	dicke Suppe mit Bohnen und Nudeln
pastina in brodo	Fleischbrühe mit Suppennudeln
ravioli in brodo	gefüllte Teigtäschchen in Fleischbrühe
stracciatella	Einlaufsuppe
zuppa di pesce	Fischsuppe
zuppa pavese	Fleischbrühe mit Toast und Ei

PRIMI PIATTI	NUDEL- UND REISGERICHTE
spaghetti, penne, rigatoni	Spaghetti, spitz zulaufende Röhrennudeln, Röhrennudeln
– al burro/in bianco	– mit Butter
– alla napoletana/ al pomodoro	– mit Tomatensoße (ohne Fleisch)
– alla bolognese/al ragù	– mit Tomatensoße (mit Fleisch)
– al cartoccio	– mit Fischsoße oder Pilzen, im Backpapierpäckchen fertig gegart
– alle vongole	– mit kleinen Muscheln
– alla carbonara	– mit Ei und Speck
– al pesto	– mit einer Soße aus Basilikum, Pinienkernen, Olivenöl, Knoblauch, Pecorino
– alla puttanesca	– mit Tomatensoße, Oliven und scharfen Gewürzen

agnolotti/ravioli/tortellini	gefüllte Teigtaschen mit Fleisch oder Gemüse
cannelloni	gefüllte Nudelrollen
gnocchi	winzige Kartoffelknödel
gnocchi alla romana	Grießscheiben mit Butter und Parmesankäse
lasagne al forno	überbackene, geschichtete Nudelteigblätter mit Fleisch- und Béchamelsoße
polenta (alla valdostana)	Maisbrei (mit Schmelzkäse)
risotto alla milanese	Reisgericht mit Safran
risotto con funghi	Reisgericht mit Pilzen
fettuccine/tagliatelle	Bandnudeln
maccheroni	Makkaroni
tagliatelle verdi	grüne Bandnudeln
vermicelli	dünne Spaghetti

CARNI	**FLEISCHGERICHTE**
abbạcchio	Lammbraten *(römische Spezialität)*
agnello	Lamm
ạnatra	Ente
arrosto di vitello	Kalbsbraten
bistecca ai ferri	gegrilltes Steak
bollito misto	verschiedene, gekochte Fleischstücke
capretto	Zicklein
cervello	Hirn
cinghiale	Wildschwein
coda alla vaccinara	Schmorgericht aus Ochsenschwanz
conịglio	Kaninchen
cotoletta alla milanese	paniertes Kalbskotelett
cotoletta di maiale	Schweinskotelett
faraona farcita	gefülltes Perlhuhn

fegato	Leber
fesa di vitello	Kalbsnuss
lepre	Hase
lingua	Zunge
maiale	Schweinefleisch
lombata di vitello	Kalbslendchen
manzo/bue	Rindfleisch
montone	Hammel
ossobuco	Kalbshachsenscheibe mit Soße
petti di pollo	Hühnerbrust
piccione	Taube
pollo	Huhn
pollo arrosto	Brathähnchen
polpette (svizzere)	Frikadellen
rognoni	Nieren
saltimbocca alla romana	kleine Kalbsschnitzel mit Schinken und Salbei
scaloppine di vitello	kleine Kalbsschnitzel
spezzatino	Gulasch mit Tomaten
stufato	Schmorbraten
tacchino	Truthahn
trippa	Kutteln
vitello	Kalbfleisch
zampone	gefüllter Schweinsfuß

PESCI, CROSTACEI E MOLLUSCHI	**FISCH, KRUSTEN- UND WEICHTIERE**
anguilla	Aal
aragosta	Languste
astice	Hummer
branzino	Seebarsch
calamari	Tintenfische
capesante brasate	geschmorte Jakobsmuscheln

ESSEN UND TRINKEN

cozze/vọngole	Miesmuscheln/ Venusmuscheln
fritto di pesce	gebackene kleine Fische
gallinella	roter Knurrhahn
gamberetti	Garnelen
gamberi	Krabben
gamberoni	Riesengarnelen
granchi	Krebse
mormora	Marmorbrasse
orata	Dorade
pesce spada	Schwertfisch
platessa	Scholle
salmone	Lachs
scampi	Shrimps
sọgliola	Seezunge
trịglia	Barbe
tonno	Thunfisch
trota	Forelle

VERDURA E CONTORNI	**GEMÜSE UND BEILAGEN**
aspạragi	Spargel
biẹtola	Mangold
brọccoli	Brokkoli
carciofi	Artischocken
carote	Karotten
cavolfiore	Blumenkohl
fagioli	weiße Bohnen
fagiolini	grüne Bohnen
finocchi	Fenchel
fiori di zucca fritti	frittierte Zucchiniblüten
funghi	Pilze
insalata belga	Chicorée
lentịcchie	Linsen
melanzane	Auberginen
patate	Kartoffeln
patate al forno	Rosmarinkartoffeln

patatine fritte	Pommes frites
peperoni	Paprikaschoten
piselli	Erbsen
pomodori	Tomaten
purè di patate	Kartoffelpüree
ravanelli	Radieschen
sẹdano	Sellerie
spinaci	Spinat
zucchini	Zucchini

INSALATE	SALATE
insalata di pomodori	Tomatensalat
insalata mista	gemischter Salat
insalata verde	grüner Salat
radịcchio	Radicchio

UOVA	EIERSPEISEN
frittata	Omelett
uova al tegame	Spiegeleier
uova sode	hart gekochte Eier
uova strapazzate	Rühreier

FORMAGGI	KÄSE
bel paese	milder Weichkäse
caprino	Ziegenkäse
gorgonzola	mit grünem Schimmel durchzogener pikanter Fettkäse
gruviera	Emmentaler Käse
mozzarella	Mozzarella
mozzarella di bufala	Mozzarella aus Büffelmilch
parmigiano/grana	Parmesankäse
pecorino	Schafskäse

provolone (affumicato)	pikanter Filatakäse aus Kuhmilch (geräuchert)
ricotta	Frischkäse aus Schafs- und/oder Kuhmilch
stracchino	milder Streichkäse
taleggio	norditalienischer Weichkäse

DOLCI E FRUTTA	**NACHSPEISEN UND OBST**
bongo	kleine Windbeutel mit Sahnefüllung und Schokoladensoße
creme caramel	Karamellcreme
cassata	Eisschnitte mit kandierten Früchten
frutta cotta	Kompott
gelato	Eis
macedonia	Obstsalat
panna cotta	Sahnepudding
semifreddo	halbgefrorene Eistorte
sorbetto	Zitronensorbet
tiramisù	aus Mascarpone und in Kaffee getränkten Biskuits hergestellte Süßspeise
zabaione	Eier-Marsala-Schaum-creme
zuppa inglese	Süßspeise aus verschiedenen Cremeschichten und mit Likör getränkten Biskuitböden
albicocca	Aprikose
ananas	Ananas
arancia	Orange
ciliegie	Kirschen
cocomero/anguria	Wassermelone

fichi	Feigen
fragole	Erdbeeren
frutti di bosco	Waldbeeren
lamponi	Himbeeren
mela	Apfel
melone	Honigmelone
mirtilli	Heidelbeeren
pera	Birne
pesca	Pfirsich
pompelmo	Grapefruit
prugna/susina	Pflaume
uva	Trauben

GELATI, GRANITE E FRAPPÈ	MILCH- UND WASSEREIS, MILCHSHAKES
amarena	Vanilleeis mit Amarenakirschen
bacio	Nuss-Nougateis mit Haselnussstückchen
cioccolata	Schokoladeneis
coppa assortita	gemischter Eisbecher
coppa con panna	Eisbecher mit Sahne
fior di latte	Sahneeis
frappè alla fragola	Erdbeershake
germi di soia	Sojasprosseneis
gianduia	Nougat
granita alla menta/ al limone ecc.	zerstoßene Eisstückchen mit Pfefferminz-/ Zitronensirup u.a.
lampone	Himbeereis
limone	Zitroneneis
menta	Pfefferminzeis
mirtilli	Heidelbeereis
nocciola	Haselnusseis
pistacchio	Pistazieneis

stracciatella	Vanilleeis mit Schokostückchen
tartufo	Vanille- oder Schokoladeneis mit Kakao überzogen
torrone	Mandeleis mit kandierten Früchten
vaniglia/crema	Vanilleeis

Lista delle bevande

GETRÄNKEKARTE

VINI	WEIN
Asti spumante	meist lieblicher piemontesischer Schaumwein
Barbera	trockener, fruchtiger piemontesischer Rotwein
Bardolino	roter Tischwein aus der Gegend um den Gardasee
Brunello di Montalcino	schwerer, edler Wein aus der Toskana
Chianti	der bekannteste Rotwein aus der Toskana
Frascati	trockener Weißwein aus den „Castelli“ bei Rom
Grignolino	herber piemontesischer Rotwein
Lạcrima Christi	ziemlich süßer, schwerer Rotwein aus der Gegend von Neapel
Lambrusco	etwas prickelnder Rotwein aus dem Raum Modena-Bologna
Marino	trockener Schaumwein aus dem Friaul
Marsala	schwerer süßer Wein aus Sizilien
Pinot Grịgio	trockener Weißwein aus dem Friaul oder Trentino
Orvieto	feiner lieblicher oder herber Weißwein

Ruffino	toskanischer Rotwein, der noch in der typischen Chianti-Korbflasche abgefüllt wird
Valpolicella	leichter Veroneser Rotwein

BIRRE	BIER
birra scura, bruna	dunkles Bier
birra chiara, bionda	helles Bier
birra alla spina	Bier vom Fass

BEVANDE ANALCOLICHE	ALKOHOLFREIE GETRÄNKE
ạcqua minerale	Mineralwasser
– gassata/naturale	mit/ohne Kohlensäure
aranciata	Orangeade
cedrata	Sprudel mit Zedernsaft
gassosa	süßer Sprudel
lemonsoda/oransoda	Sprudel mit Fruchtfleisch von Zitronen/Orangen
spremuta d'arạncia/ di pompelmo	frisch gepresster Orangen-/Grapefruitsaft
succo di frutta	Fruchtsaft
succo di pesca	Pfirsichsaft
succo di pomodoro	Tomatensaft
succo di pera	Birnensaft

LIQUORI	SCHNÄPSE UND LIKÖRE
amaro	Magenbitter
Amaretto	Mandellikör
grappa	Tresterbranntwein

Limoncello	Zitronenlikör
Sambuca	Likör mit Anisgeschmack
Vẹcchia Romagna	italienischer Kognak
vinsanto, vin santo	weißer Likörwein

AL BAR	**GETRÄNKE IN EINER BAR**
caffẹ̀, espresso	kleiner, starker Kaffee ohne Milch
caffẹ̀ corretto	kleiner, starker Kaffee mit Schnaps
caffẹ̀ macchiato caldo/freddo	kleiner, starker Kaffee mit warmer/kalter Milch
caffẹ̀ dọppio	zwei espressi in einer Tasse
caffẹ̀ lungo/corto	kleiner, starker Kaffee mit etwas mehr/weniger Wasser
cappuccino	Kaffee mit schaumig geschlagener Milch
camomilla	Kamillentee
tisana	Kräutertee
tè al latte/limone	Tee mit Milch/Zitrone
tè verde	grüner Tee
cioccolata con panna	Trinkschokolade mit Schlagsahne

Fisch und Meeresfrüchte

Auster
ostrica

Dorade
orata

Forelle
trota

Garnele
gamberetto

Heilbutt
ippoglosso

Herzmuschel
il cuore di mare

Hummer
l'ạstice *m*

Krake
polpo

Krebs
grạnchio

Lachssteak
trạncio di salmone

Miesmuscheln
cozze

roter Knurrhahn
gallinella

Sardine
sardina

Scholle
platessa

Seebarsch
spịgola, branzino

Seeteufel
coda di rospo

Seezunge
sogliola

Tintenfisch
seppia, calamaro

Thunfisch
tonno

Venusmuscheln
vongole

ESSEN UND TRINKEN

FISCH UND MEERESFRÜCHTE

Frühstück

Baguette
baguette

Butter
burro

Cornflakes
cornflakes

Croissant
cornetto

Honig
miele

gekoches Ei
uovo á la coque

Joghurt
iogurt

Kaffee
caffè

Käse
formaggio

Knäckebrot
fette croccanti

Marmelade
marmellata

Milch
latte

Omelett
frittata

Pfannkuchen
crepes

Rührei
uovo strapazzato

Saft; frisch gepresster Saft
succo di frutta/ spremuta

Schwarzbrot
pane nero/scuro

Spiegelei
uovo al tegamino

Tee
tè

Toast
toast

Gemüse

Auberginen
le melanzane

Artischocke
carciofo

Brokkoli
i brọccoli

Pilze
i funghi

Chilischote
peperoncino

Erbsen
i piselli

Gurke
cetriolo

Karotte
carota

Kartoffeln
le patate

Knoblauch
aglio

Kopfsalat
lattuga

Kürbis
zucca

Lauch
porro

Oliven
le olive

Paprika
peperone

Radieschen
i ravanelli

Spinat
gli spinaci

Tomate
pomodoro

Zucchini
gli zucchini

Zwiebel
cipolla

Obst

Ananas
ananas *m*

Apfel
mela

Aprikose
albicocca

Bananen
le banane

Birne
pera

Erdbeeren
le fragole

Feige
fico

Himbeeren
i lamponi

Honigmelone
il melone

Kirschen
le ciliegie

Kiwi
kiwi

Mango
mango

Nektarine
pescanoce

Orange
arạncia

Papaya
papaya

Pfirsich
pesca

Pflaume
prugna

Wassermelone
anguria,
cocomero

Weintrauben
l'uva

Zitrone
limone

EINKAUFEN

Einkaufstour

EINKAUFEN

Posso esserLe di aiuto?
Kann ich Ihnen behilflich sein?

Danke, ich sehe mich nur um.
Grạzie, vorrei solo dare un'occhiata.

Haben Sie ...?
Avete ...?

Wie viel kostet es?
Quanto costa?/Quanto viene?

Nehmen Sie Kreditkarten?
Accettate carte di crẹdito?

JA NICHT WEGWERFEN!

Kämen Sie auf die Idee, nach dem Kauf von einem Pfund Tomaten den Kassenzettel (**scontrino**) mitzunehmen und sorgfältig aufzubewahren? In Italien sollten Sie das jedenfalls tun. Im Umkreis von 100 Metern um den Ausstellungsort müssen Sie sämtliche Kassenzettel der Finanzpolizei bei Kontrollen vorzeigen können. So lautet das Gesetz.

REKLAMIEREN

Ich möchte das bitte zurückgeben.
Vorrei restituirlo/la.

Ich möchte bitte mein Geld zurück.
Mi dia un rimborso.

Kann ich das umtauschen?
Posso cambiarlo/la?

Geschäfte

Entschuldigen Sie bitte, wo finde ich ...?
Scusi, dove potrei trovare ...?

Apotheke	farmacia
Bäckerei	panificio, panetteria
Bioladen	negozio di prodotti biologici
Blumengeschäft	fioraio
Buchhandlung	libreria
Computer-fachgeschäft	negozio di computer
Einkaufszentrum	centro commerciale
Elektrogeschäft	negozio di elettrodomestici
Feinkostgeschäft	negozio di specialità gastronomiche
Fischgeschäft	pescheria
Flohmarkt	mercato delle pulci
Fotoartikel	gli articoli fotografici
Friseur	il parrucchiere
Handyladen	il negozio di cellulari
Juwelier	gioielleria
Kaufhaus	il grande magazzino
Konditorei	pasticceria
Markt	mercato
Metzgerei	macelleria
Obst- und Gemüsehändler	fruttivendolo
Optiker	ottico
Parfümerie	profumeria
Reformhaus	erboristeria
Reinigung, chemische	lavanderia a secco, tintoria
Reisebüro	agenzia viaggi
Schreibwarengeschäft	cartoleria
Schuhgeschäft	negozio di calzature
Souvenirladen	negozio di souvenir

Spielwarengeschäft	negọzio di giocạttoli
Spirituosengeschäft	rivẹndita di prodotti alcọlici, bottiglierịa
Sportgeschäft	gli artịcoli sportivi
Supermarkt	supermercato
Süßwarengeschäft	negọzio di dolciumi
Tabakladen	tabaccạio
Waschsalon	lavanderịa a gettone
Weinhandlung	enoteca
Zeitungshändler	giornalạio

Lebensmittel kaufen

Geben Sie mir bitte ...
Mi dịa ..., per favore.

- *hundert Gramm ...*
  un etto di ...
- *ein Kilo ...*
  un chilo di ...

ÖFFNUNGSZEITEN – ORARI D'APERTURA

Die Ladenöffnungszeiten in Italien sind flexibel. In Touristenzentren haben die Supermärkte meist durchgehend von 8.00 - 21.00 Uhr geöffnet; Fachgeschäfte machen zwar oft eine lange Mittagspause zwischen 13.00 und 17.00 Uhr, sind dafür aber zum Teil bis 23.00 Uhr geöffnet. In den Städten können Sie in den Kaufhäusern meist durchgehend von 8.00 oder 9.00 Uhr bis 20.00 Uhr einkaufen. Fachgeschäfte machen in der Regel von 13.00 bis 16.00 Uhr Mittagspause und schließen zwischen 19.30 und 20.00 Uhr.

- *10 Scheiben ...*
  10 fette di ...
- *ein Stück von ...*
  un pezzo di ...
- *eine Packung ...*
  un pacchetto di ...
- *ein Glas ...*
  un vasetto di ...
- *eine Dose ...*
  una scatola di ...
- *eine Flasche ...*
  una bottiglia di ....
- *eine Einkaufstüte*
  un sacchetto.

Bitte dünn geschnitten.
Tagliato sottile, per favore.

Danke, das ist alles.
È tutto, grazie.

Verkaufen Sie ...?
Vendete ...?

- *Bioprodukte?*
  prodotti biologici?
- *Produkte aus der Region?*
  prodotti regionali?

abgelaufen	scaduto/a
Haltbarkeit	durata di conservazione
Haltbarkeitsdatum	data di scadenza
(ohne) Konservierungsstoffe	(senza) conservanti

OBST	LA FRUTTA
Ananas	l'ạnanas *(m)*
Äpfel	le mele
Apfelsinen	le arance
Aprikosen	le albicocche
Bananen	le banane
Birnen	le pere
Brombeeren	le more
Datteln	i dạtteri
Erdbeeren	le frạgole
Erdnüsse	le noccioline americane
Feigen	i fichi
Heidelbeeren	i mirtilli
Himbeeren	i lamponi
Kaktusfeige	fico d'India
Khakifrucht	il cachi
Kirschen	le ciliẹgie
Kiwi	il kiwi
Kokosnuss	la noce di cocco
Mandarinen	i mandarini
Mango	mango
Mispeln	le nẹspole
Melone	il melone
Obst	la frutta
Pampelmuse	pompelmo
Pfirsiche	le pesche
Pflaumen	le prugne
Stachelbeeren	uva spina
Wassermelone	angụria, cocọmero
Weintrauben	l'uva *(f)*
Zitronen	i limoni

GEMÜSE	LA VERDURA
Artischocken	i carciofi
Auberginen	le melanzane
Avocado	l'avocado *(m)*
Blumenkohl	il cavolfiore
Bohnen	i fagioli
– grüne Bohnen	i fagiolini
– weiße Bohnen	i fagioli bianchi
Chicoree	indịvia del Belgio
Cocktailtomaten	i pomodorini
Erbsen	i piselli
Feldsalat	valeriana
Fenchel	finọcchio
Gemüse	verdura
Gurke	cetriọlo
Karotten	le carote
Kartoffeln	le patate
Kichererbsen	i ceci
Knoblauch	ạglio
Kohl	cạvolo
Kürbis	zucca
Lauch	porro
Linsen	le lentịcchie
Mangold	biẹtola
Mais	il mais, granturco
Oliven	le olive
Paprikaschote	il peperone
Rauke	rụcola
Rüben	le rape
Salat	insalata
– Kopfsalat	lattuga
Schalotten	scalogni
Sellerie	sẹdano
Spargel	gli aspạragi
Spinat	gli spinaci
Stängelkohl	le cime di rapa

Tomaten	i pomodori
Zwiebeln	le cipolle
Zucchini	gli zucchini

BACKWAREN, SÜSSWAREN	I DOLCI E DOLCIUMI
Bonbons	le caramelle
Brot	il pane
– Weißbrot	il pane bianco
– Vollkornbrot	il pane integrale
Brötchen	panino
– belegte Brötchen	i panini imbottiti
Eis (Speiseis)	gelato
Honig	il miẹle
Kaugummi	gomma da masticare
Kekse	i biscotti
Kuchen	il dolce, la torta
Schokolade	cioccolata
Schokoriegel	barretta di cioccolata
Süßgebäck	le paste, i pasticcini
Süßigkeiten	i dolciụmi
Toast	il toast
Zucker	zụcchero
Zwieback	le fette biscottate

EIER UND MILCHPRODUKTE	LE UOVA E I LATTICINI
Butter	burro
Eier	le uọva
Joghurt	lo yọgurt
Käse	formạggio
– Ziegenkäse	formạggio di capra
– Schafskäse	pecorino
Margarine	margarina

Milch	il latte
– fettarme Milch	il latte magro
– Vollmilch	il latte intero
Quark aus Schafsmilch	ricotta di pecora
Sahne	panna
– Kochsahne	panna da cucina
– geschlagene Sahne	panna montata

FLEISCH UND WURSTWAREN	**LA CARNE ED I SALUMI**
Fleisch	la carne
Ferkelbraten	porchetta
Gulasch	spezzatino
Hackfleisch	la carne macinata
Hähnchen	pollo
Hammelfleisch	la carne di montone/castrato
Kalbfleisch	la carne di vitello
Kaninchen	coniglio
Kotelett	co(s)toletta
Lammfleisch	la carne d'agnello
Leberpastete	il paté di fegato
Mortadella mit/ ohne Pistazien	mortadella con/senza pistacchi
Putenfleisch	tacchino
Rindfleisch	la carne di manzo
Salami	il salame
Schinken	prosciutto
Schweinefleisch	la carne di maiale
Schweinebraten	arrosto/arista di maiale
Schweinepresskopf	coppa
Wildschwein	il cinghiale
Würste	le salsicce
Würstchen	i wurstel

FISCH UND MEERESFRÜCHTE	IL PESCE ED I FRUTTI DI MARE
Aal	anguilla
Austern	le ọstriche
Dorade	orata
Fisch	il pesce
Flussbarsch	il pesce pẹrsico
Garnelen	i gamberetti
Hering	aringa
Krabben	i granchi
Makrele	sgombro
Miesmuscheln	i mịtili, le cozze
Venusmuscheln	le vọngole
Octopus	polpo
Rotbarbe	trịglia
Sardellen	le acciụghe
Scholle	platessa
Schwertfisch	il pesce spada
Seebarsch	spịgola, branzino
Seezunge	sọgliola
Sprotte	sarda
Stockfisch	il baccalà
Thunfisch	tonno
Tintenfisch	sẹppia, calamaro

GEWÜRZE UND KRÄUTER	LE SPEZIE E LE ERBE AROMATICHE
Basilikum	basịlico
Chili	peperoncino
Dill	aneto
Estragon	dragoncello
Ingwer	zẹnzero
Kerbel	cerfọglio
Knoblauch	ạglio
Koriander	coriạndolo
Kräuter	le erbette

Kümmel	cumino
Lorbeer	alloro
Majoran	maggiorana
Minze	menta
Muskatnuss	la noce moscata
Nelken	i chiọdi di garọfano
Oregano	orịgano
Paprika	pạprica
Pepperoni	i peperoncini verdi
Petersilie	prezzẹmolo
Pfeffer	il pepe
Rosmarin	rosmarino
Salbei	sạlvia
Salz	il sale
Senf	la sẹnape, mostarda
Schnittlauch	erba cipollina
Thymian	timo
Zimt	cannella
Zwiebel	cipolla

DIES UND DAS	UN PO' DI TUTTO
Essig	aceto
Mayonnaise	la maionese
Nudeln	la pasta
– Spaghetti	gli spaghetti
Öl	ọlio
Olivenöl	ọlio d'oliva
Reis	riso

GETRÄNKE	LE BEVANDE
Apfelsaft	succo di mele
Bier	bịrra
– alkoholfreies Bier	birra analcọlica
Champagner	lo champagne

Kaffee	il caffè
– koffeeinfreier Kaffee	il caffè decaffeinato
Limonade	limonata
Mineralwasser	acqua minerale
– mit/ohne Kohlensäure	frizzante/naturale
Orangenlimonade	aranciata
Orangensaft	succo d'arancia
Tee	il tè
– Grüner Tee	tè verde
– Früchtetee	tisana alla frutta
– Hagebuttentee	tisana di rosa canina
– Kamillentee	camomilla
– Kräutertee	tisana alle erbe
– Pfefferminztee	tisana alla menta
– Schwarztee	tè
– Teebeutel	bustina di tè
Wein	vino
– Rosé(wein)	vino rosato
– Rotwein	vino rosso
– Weißwein	vino bianco

Bücher, Zeitschriften und Schreibwaren

Ich hätte gern …
Vorrei …

– eine deutsche Zeitung.
un giornale tedesco.
– einen Reiseführer.
una guida turistica.
– eine Wanderkarte dieser Gegend.
una mappa per escursioni in questa zona.

BÜCHER, ZEITSCHRIFTEN UND ZEITUNGEN

Buch	libro
Comic	fumetto
Kochbuch	libro di cucina
Krimi	(romanzo) giallo
Landkarte	carta geogrạfica
Reiseführer	guịda turịstica
Roman	romanzo
Stadtplan	piantina della città
Straßenkarte	carta stradale
Tageszeitung	quotidiano
Zeitschrift	rivista
Zeitung	il giornale

SCHREIBWAREN

Ansichtskarte	cartolina illustrata
Bleistift	il lapis
Briefumschlag	busta
Farbstift	matita colorata
Kugelschreiber	la biro
Notizblock	blocchetto per appunti
Papier	carta

Drogerieartikel

allergiegetestet	anallergico/a
Creme	crema
Haargel	il gel per capelli
Haarklammern	le mollette (per capelli)
Kamm	il pẹttine
Lichtschutzfaktor	il fattore protettivo
Mückenschutz	il repellente per zanzare
Nagellack	smalto
Papiertaschentücher	i fazzoletti di carta

Rasierklinge	la lạmetta
Rasierpinsel	pennello da barba
Rasierwasser	la lozione dopobarba
Reinigungsmilch	il latte detergente
Schnuller	ciụccio
Shampoo	shampoo
Slipeinlagen	gli assorbenti sottili, i proteggi-slip
Sonnenmilch	il latte solare
Spiegel	spẹcchio
Spülmittel	detersivo per i piatti
Spültuch	panno per lavare i piatti
Waschlappen	guanto di spugna
Waschmittel	detersivo
Wattestäbchen	i bastoncini cotonati, i cotton fioc
Windeln	i pannolini
Zahnseide	filo interdentale
Zahnstocher	lo stuzzicadenti

Elektroartikel/Computer

Adapter	l'adattatore *(m)*
Akku	batteria
Batterie	batteria
CD/DVD	il CD/il DVD
Drucker	la stampante
Föhn	il fon
Glühbirne	lampadina
Handy	il cellulare
Kopfhörer	cụffia
Ladegerät	il caricabatterịa
Ladekabel	
(für Handy)	cavo di ricarica
(für Laptop)	cavo di alimentazione
Laptop	il (computer) portạtile

Lautsprecher	l'altoparlante *(m)*
MP3-Player	il lettore mp3
Notebook	il notebook
Smartphone	lo smartphone
Speicherkarte	scheda di memoria
Stecker	spina
Steckdose	presa
Tablet-PC	il Tablet PC
USB-Stick	la chiavetta USB
Verlängerungskabel	prolunga

Fotoartikel

Ich brauche ... für diese Kamera.
Ho bisogno di ... per questa macchina fotografica.

- *eine Speicherkarte*
  una scheda di memoria
- *Akkus*
  batterie

Ich brauche Passfotos.
Ho bisogno di fototessere.

Das ist kaputt. Können Sie es bitte reparieren?
Questo non funziona. Me lo può riparare per favore?

Auslöser	scatto
Blitzgerät	il flash
Digitalkamera	fotocamera digitale
Einwegkamera	fotocạmera usa e getta
Fotoapparat	mạcchina fotogrạfica, fotocamera
Linse	la lente
Objektiv	obiettivo
Stativ	il treppiedi
Unterwasserkamera	mạcchina fotogrạfica subạcquea

Beim Frisör

Waschen und Föhnen, bitte.
Shampoo e piega, per favore.

Schneiden mit/ohne Waschen, bitte.
Tagliare e/senza lavare, per favore.

Ich möchte ...
Vorrei ...

Nur die Spitzen.
Solo le punte.

Nicht zu kurz/Ganz kurz/Etwas kürzer, bitte.
Non troppo corti/Molto corti/Un po' più corti, per favore.

Die Ohren sollen frei sein/bedeckt bleiben.
Le orecchie devono essere scoperte/coperte.

Rasieren, bitte.
Mi faccia la barba, per favore.

Vielen Dank. So ist es gut.
Grạzie. Va bene così.

Augenbrauen zupfen	depilare le sopraccịglia
Bart	barba
färben	tịngere
föhnen	asciugare con il fon
frisieren	pettinare
Frisör/in	il parrucchiere/la parrucchiera
Frisur	pettinatura
Haar	i capelli
– fettiges Haar	i capelli grassi
– trockenes Haar	i capelli secchi
kämmen	pettinare
Locken	i ricci
Pony	frạngia
Scheitel	riga
Schuppen	fọrfora

Shampoo	lo shampoo
Spitzen schneiden	tagliare le punte
Strähne	ciọcca di capelli; *(getönt)* le mèche
Stufen	i capelli scalati
tönen	tịngere
Wimpern färben	tịngere le cịglia

Haushaltsartikel

Abfallbeutel	sacchetto dell'immondịzia
Alufolie	carta stagnola
Dosenöffner	l'apriscạtole *(m)*
Flaschenöffner	l'apribottịglie *(m)*
Fleckenentferner	lo smacchiatore
Frischhaltefolie	pellịcola (per alimenti)
Glas	il bicchiere
Grill	grịglia
Grillkohle	carbonella, carbone per barbecue
Holzkohlengrill	barbecue *(m)*
Insektenspray	lo spray insetticida
Kerzen	le candele
Korkenzieher	il cavatappi
Kühltasche	borsa frigo
Plastikbeutel	sacchetto di plạstica
Schere	le fọrbici
Servietten	i tovaglioli
Sicherheitsnadel	spilla di sicurezza
Streichhölzer	i fiammịferi
Taschenmesser	temperino, coltello tascạbile
Thermosflasche®	il termos
Wäscheklammern	le mollette per il bucato
Wäscheleine	filo stendibiancherịa

Etwas zum Anziehen

FARBEN

beige	beige
blau	blu, azzurro
braun	marrone
einfarbig	in tinta unita
farbig	a colori
gelb	giạllo
goldfarben	colọr oro
grau	grịgio
grün	verde
lila	lilla
orange	arancione
pink	fuchsia
rosa	rosa
rot	rosso
schwarz	nero
silberfarben	colọr argento
türkis	turchese

NEIN, SIE HABEN NICHT ZUGENOMMEN!

Achtung: Wenn Sie in Italien Kleidung kaufen möchten, müssen Sie bei Damenbekleidung vier bis sechs Größen größer wählen. Die 40 entspricht also in Italien in etwa der 46. Die Herrengrößen unterscheiden sich kaum, sie fallen in Italien aber eher kleiner aus.

KLEIDUNG

Kann ich es anprobieren?
Posso provarlo/la/li/le?

Welche (Konfektions-)Größe haben Sie?
Che tạglia porta?

Das ist mir zu ...
Questo mi è troppo ...

- *eng/weit.*
  stretto/largo.
- *kurz/lang.*
  corto/lungo.

– klein/groß.
piccolo/grande.

Das passt gut. Ich nehme es.
Questo va bene. Lo prendo.

Anorak	giacca a vento
Anzug	ạbito
Ärmel	le mạniche
Badeanzug	il costume da bagno da donna
Badehose	il costume da bagno da uomo
Bikini	il bikịni
Bluse	camicetta
Büstenhalter	reggiseno
Feinstrumpfhose	i collant
Handschuhe	i guạnti
Hemd	camịcia
Hose	i pantaloni
Hut	cappello
– Sonnenhut	cappello da sole
Jacke	giạcca
Jeans	i jeans
Kinderkleidung	abbigliamento per bambini
Kleid	vestito
Kostüm	il tailleur
Krawatte	cravatta
Leggins	i fuseaux
Mantel	cappotto, soprạbito
Mütze	berretto
Pullover	il pullover, il maglione
Regenjacke	l'impermeạbile *(m)*
Reißverschluss	la cerniẹra, lo zip
Rock	gonna
Schal	sciarpa
Schirm	ombrello
Shorts	i pantaloncini, gli shorts
Skihose	i pantaloni da sci
Slip	lo slip
Socken	i calzini
Strickjacke	la giacca di lana, il golf

Strumpfhose	il collant, la calzamạglia
T-Shirt	maglietta
Unterwäsche	biancherịa ịntima
Weste	il golf, il gilẹ̀

SCHUHE UND TASCHEN

Ich habe Schuhgröße ...
Ho il nụmero ...

Sie sind zu eng/weit.
Sono troppo strette/larghe.

Sie sind zu klein/groß.
Sono troppo piccole/grandi.

Absatz	tacco
Flipflops	le infradito
Gummistiefel	gli stivali di gomma
Gürtel	cintura
Handtasche	borsa
Koffer	valịgia
Lederjacke	giạcca di pelle
Reisetasche	borsa da viạggio
Rucksack	zạino
Sandalen	i sạndali
Schnürsenkel	laccio/stringa per scarpe
Schuh	scarpa
Schuhcreme	lụcido per scarpe
Sohle	suọla
Stiefel	gli stivali
Tasche	borsa
Trolley	il trolley
Turnschuhe	le scarpe da ginnạstica
Umhängetasche	borsa a tracolla
Wander-/ Trekkingschuh	scarpa da trekking

Beim Optiker

Würden Sie mir bitte diese Brille/das Gestell reparieren?
Mi potrebbe aggiustare questi occhiali/la montatura, per favore?

Wie ist Ihre Sehstärke?
Che capacità visiva ha?

Ich suche Eintageslinsen.
Cerco delle lenti a ricạmbio giornalẹro.

Ich brauche ...
Ho bisogno di ...

- ***eine Aufbewahrungslösung***
  una soluzione conservante
- ***eine Reinigungslösung***
  una soluzione detergente
- ***für harte/weiche Kontaktlinsen.***
  per lenti a contatto rịgide/mọrbide.

Ich suche ...
Vorrei ...

- ***eine Sonnenbrille.***
  un paio di occhiali da sole.

- ***ein Fernglas.***
  un binọcolo.

Souvenirs kaufen

Ich hätte gern ...
Vorrei ...

- ***ein hübsches Andenken.***
  un bel ricordo.
- ***etwas Typisches aus dieser Gegend.***
  un oggetto tịpico della zona.

Alabasterarbeiten	i lavori in alabastro
echt	vero, puro
Florentinischer Hut	cappello fiorentino
Geschenkartikel	oggettistica
Glasschmuck	le conterịe
handgemacht	lavorato a mano
Heiligenbild	santino
Keramik	cerạmica
Marmorarbeiten	i lavori in marmo
Mitbringsel	regalino
regionale Produkte/ Spezialitäten	i prodotti/le specialitạ̀ regionali
Schnitzerei	intạglio
Sizilianischer Pferdewagen	il carro siciliano

SOUVENIRS KAUFEN

EINKAUFEN

BASTER - DER GIPS AUS VOLTERRA

Wer kennt das nicht?! Man möchte am liebsten aus jedem Urlaubsort ein kleines Andenken mitnehmen, an dem man sich zu Hause dann erfreuen kann. Wenn Sie das nächste Mal in die Toskana reisen, müssen Sie unbedingt das bezaubernde Städtchen Volterra besuchen und sich die wunderschönen Arbeiten aus Alabaster ansehen. Da finden Sie bestimmt ein ganz außergewöhnliches Souvenir!

Strohflasche	fiasco
Töpferwaren	il vasellame
Venezianische Gondel, mit und ohne Beleuchtung	gondola veneziana con o senza luce

Im Tabakladen

Eine Schachtel/Eine Stange ...
Un pacchetto/Una stecca di ...

– mit/ohne Filter, bitte.
con/senza filtro, per favore.

Zehn Zigarren/Zigarillos, bitte.
Dieci sịgari/sigaretti, per favore.

Aschenbecher	il posacẹnere
Briefmarke	francobollo
Busfahrkarte	biglietto per l'autobus
Feuerzeug	accendino
Filter	filtro
Pfeife	pipa
Pfeifentabak	il tabacco per pipe
Streichhölzer	fiammịferi
Zigarette	sigaretta
Zigarettentabak	il tabacco per sigarette
Zigarillo	sigaretto
Zigarre	sịgaro

TABACCHI: NICHT NUR FÜR RAUCHER

Ein Schild mit einem großen weißen „**T**" auf blauem oder schwarzem Hintergrund weist darauf hin, dass an dieser Stelle ein Tabakladen ist. In Italien bekommt man dort aber nicht nur Tabakwaren, also **tabacchi**, sondern auch Busfahrkarten und Briefmarken.

Uhren und Schmuck

Anhänger	ciọndolo
Armband	braccialetto
Armbanduhr	orolọgio da polso
– für Damen/Herren	da donna/uomo
Brosche	spilla
Gold	oro
Haarreif	cerchietto (per capelli)
Juwelier	gioielliere
Kette	collana, catena
Kristall	cristallo
Manschettenknopf	gemello
Modeschmuck	bigiotterịa
Ohrringe	gli orecchini
Ohrstecker	orecchino a perno
Perle	perla
Reisewecker	svẹglia da viạggio
Ring	anello
Schmuck	i gioiẹlli
Silber	argento
Titan	titanio

Einkaufen

die ***Bäckerei***
la panetteria

das ***Taschengeschäft***
il negozio di borse

das ***Schuhgeschäft***
il negozio di scarpe

der ***Zeitungskiosk***
l'edicola

der ***Gemüseladen***
il negozio di verdure

das ***Lebensmittelgeschäft***
l'alimentari

das ***Kleidungsgeschäft***
il negozio di abbigliamento

der ***Markt***
il negozio di scarpe

die ***Metzgerei***
la macelleria

die ***Buchhandlung***
la libreria

das ***Schreibwarengeschäft***
la cartoleria

der ***Supermarkt***
il supermercato

ÜBERNACHTEN

ALBERGHI DIFFUSI

Darunter versteht man ein neues Touristik-Konzept. Ein ganzes Dorf wird sozusagen ein „Hotel“ mit Wohnungen oder Zimmern in den Häusern der Dorfbewohner. Genau das Richtige für alle, die nicht nur Italien, sondern auch die Italiener besser kennenlernen wollen. Weitere Informationen finden Sie unter www.alberghidiffusi.it.

Hotel - Pension - Privatzimmer

AN DER INFORMATION

Können Sie mir bitte ... empfehlen?
Scusi signora/signorina/signore, potrebbe consigliarmi ...

- *ein gutes Hotel*
  un buon albergo?
- *ein einfaches Hotel*
  un albergo non troppo caro?
- *eine Pension*
  una pensione?

Ist es zentral/ruhig/in Strandnähe gelegen?
Si trova in centro/in una posizione tranquilla/vicino al mare?

Gibt es hier auch ...?
C’è/Ci sono anche... qui?

- *einen Campingplatz*
  un campeggio
- *eine Jugendherberge*
  un ostello della gioventù

AGRITURISMO ... das sind Ferien auf dem Bauernhof - allerdings ohne Kühe und Schweine! Stattdessen erwarten Sie wunderschön restaurierte Landhäuser und Gutshöfe, oft sogar mit Swimmingpools und herrlichen Gartenanlagen.

Obendrein werden Sie auch noch von der einheimischen Küche verwöhnt.

Hotel

IM HOTEL ANGEKOMMEN

Ich habe ein Zimmer reserviert. Mein Name ist ...
Ho prenotato una cạmera. Il mio nome è ...

Haben Sie noch Zimmer frei?
Avete cạmere lịbere?

– ... für eine Nacht.
... per una notte.

– *... für zwei Tage.*
... per due giorni.
– *... für eine Woche.*
... per una settimana.

Haben Sie Familienzimmer?
Avete delle camere familiari?

Ich hätte gern ...
Vorrei ...

– *ein Einzelzimmer*
una singola
– *ein Doppelzimmer*
una matrimoniale
– *ein ruhiges Zimmer*
una camera tranquilla
– *mit Dusche*
con doccia
– *mit Bad*
con bagno
– *mit Balkon/Terrasse*
con balcone/con terrazza
– *mit Blick aufs Meer*
con vista sul mare
– *zum Innenhof gelegen*
che dà sul cortile

Kann ich das Zimmer sehen?
Posso vedere la camera?

Es ist gut, ich nehme es.
Va bene, la prendo.

Dieses Zimmer gefällt mir nicht.
Kann ich bitte noch ein anderes sehen?
Questa camera non mi piace.
Potrei vederne un'altra?

Können Sie noch ein drittes Bett/ein Kinderbett dazustellen?
Può aggiụngere un altro letto/un lettino (per bambini)?

Ist das Frühstück inklusive?
La colazione è compresa?

Gibt es eine Ermäßigung für Kinder?
Ci sono delle riduzioni per bambini?

Was kostet das Zimmer mit ..., bitte?
Quanto verrebbe a costare la cạmera con...?

- *Frühstück*
  la prima colazione
- *Halbpension*
  la mezza pensione
- *Vollpension*
  la pensione completa

Wo kann ich den Wagen abstellen?
Dove posso lasciare la mạcchina?

- *In unserer Garage.*
  Nel nostro garage.
- *Auf unserem Parkplatz.*
  Nel nostro parchẹggio.

FRAGEN UND BITTEN

Ab wann gibt es Frühstück?
Da che ora si può fare colazione?

Wann sind die Essenszeiten?
Quali sono gli orari dei pasti?

Wo ist ...
Dov'è ...

- *der Speisesaal?*
  la sala da pranzo?

- der Frühstücksraum?
la sala per la colazione?

Gibt es ... im Zimmer?
C'è ... in camera?

- WLAN
Wi-Fi
- Fernsehen
la televisione

Haben Sie WLAN?
Avete Wi-Fi?

Haben Sie eine Nachricht für mich?
Ha un messaggio per me?

Haben Sie ein Babyfon?
Ha un baby monitor?

Wo kann ich ...
Dove posso ...

- hier etwas trinken?
prendere qualcosa da bere?
- ein Auto mieten?
noleggiare una macchina?
- das Auto abstellen?
lasciare la macchina?

ALLES IN ORDNUNG?

Das Zimmer ist noch nicht geputzt worden.
Guardi, la camera non è ancora pronta.

Die Klimaanlage funktioniert nicht.
L'aria condizionata non funziona.

Der Wasserhahn tropft.
Il rubinetto perde.

Es kommt kein (warmes) Wasser.
Non c'è acqua (calda).

Die Toilette/Das Waschbecken ist verstopft.
Il gabinetto/Il lavandino è intasato.

Ich hätte gern ein anderes Zimmer.
Vorrẹi un'altra cạmera.

AUSCHECKEN UND BEZAHLEN

Ich reise heute Abend/morgen um ... Uhr ab.
Parto stasera/domani alle ...

Kann ich mein Gepäck bis (heute Abend) hier lassen?
Posso lasciare qui i bagagli fino a (stasera)?

Bis wann muss ich das Zimmer räumen?
Per quando devo liberare la stanza?

Könnten Sie bitte die Rechnung fertig machen?
Potrebbe prepararmi il conto?

Vielen Dank für alles! Auf Wiedersehen!
Grạzie di tutto. Arrivederci!

Abendessen cena
Abfalleimer pattumiera
Anmeldung l'accettazione *(f)*
Aschenbecher il portacẹnere
Aufenthaltsraum il soggiorno
Aufzug l'ascensore *(m)*
Badewanne vasca da bagno
Badezimmer bagno
Balkon il balcone
barrierefrei senza barriere architettọniche
Bett letto
Bettdecke coperta
Bettwäsche biancheria da letto
Dusche dọccia
ebenerdig a filo pavimento
Etage piạno
Fenster finestra
Fernseher il televisore
Fernsehraum sala TV

Frühstück	la colazione
Frühstücksraum	sala per la colazione
Garage	il garage
Glühbirne	lampadina
Halbpension	la mezza pensione
Handtuch	asciugamano
Heizung	riscaldamento
Kinderbetreuung	animazione bambini
Kinderbett	lettino (per bambịni)
Klimaanlage	ạria condizionata
Kopfkissen	cuscino
Lampe	lạmpada
Matratze	materasso
Mittagessen	pranzo
Parkplatz	parchẹggio
Pension	la pensione
Radio	la rạdio
reinigen	pulire
reparieren	riparare
Reservierung	la prenotazione
Restaurant	ristorante
Rezeption	la reception
rollstuhlgerecht	adatto/idọneo per carrozzelle
Safe	la cassaforte
Schlüssel	la chiave
Schrank	armạdio
Speisesaal	sala da pranzo
Spiegel	spẹcchio
Steckdose	presa
Stecker	spina
Terrasse	terrazza
Toilette	gabinetto
Toilettenpapier	carta igiẹnica
Türcode	il cọdice per la porta della cạmera
Übernachtung	pernottamento

Ventilator	il ventilatore
Verlängerungswoche	settimana supplementare
Vollpension	la pensione completa
Waschbecken	lavandino
Wäschewechsel	cạmbio biancherịa
Wasser	ạcqua
kaltes Wasser	ạcqua fredda
warmes Wasser	ạcqua calda
Wasserhahn	rubinetto
WLAN	Wi-Fi
Wolldecke	coperta di lana
Zimmer	cạmera
Zwischenstecker	l'adattatore *(m)*

Ferienhäuser und Ferienwohnungen

Ich habe ... gebucht/gemietet.
Ho prenotato/affittato ...

- *die Wohnung*
  l'appartamento.
- *das Haus*
  la casa.

bei Ihnen
da Lei.

Wo bekommen wir die Schlüssel?
Dove troviamo le chiavi?

Ist der Strom/Wasserverbrauch im Mietpreis enthalten?
La luce/L'ạcqua è compresa nel prezzo d'affitto?

Gibt es Besteck/Handtücher/Bettwäsche?
Ci sono le posate/gli asciugamani/C'è la biancherịa?

Sind Haustiere erlaubt?
Si pọssono portare animali?

Wo befinden sich die Mülltonnen?
Dov’è il bidone dell'immondịzia?

Müssen wir die Endreinigung selbst übernehmen?
Dobbiamo pensare noi alla pulizia finale?

Bekomme ich die Kaution zurück?
Potrebbe restituirmi la cauzione?

Wo gibt es hier ein Lebensmittelgeschäft?
Dove trovo qui un negọzio di alimentari?

Wohin kommt der Müll?
Dove vanno messi i rifiuti?

DIE WICHTIGSTEN WÖRTER

Anreisetag	giorno d’arrivo
Anzahlung	la caparra
Apartment	appartamento
Endreinigung	pulizịa finale
Ferien auf dem Bauernhof	agriturismo
Ferienhaus	casa per le vacanze
Haustiere	gli animali domẹstici
Kaution	la cauzione
Kochnische	cucinino, cucinotto
Miete	affitto, nolẹggio
Müll	immondịzia
Nebenkosten	le spese (accessọrie)
Schlafzimmer	cạmera da letto
Schlüsselübergabe	consegna delle chiavi
Strom	la corrente
Stromspannung	voltạggio
vermieten	affittare, noleggiare
Wasserverbrauch	consumo d’ạcqua
Wohnzimmer	soggiorno
Zentralheizung	riscaldamento centrale

WAS MAN SO BRAUCHT

Backofen forno
Bügelbrett l'asse *(f)* da stiro
Bügeleisen ferro da stiro
Elektroherd cucina elẹttrica
Etagenbett letto a castello
Geschirr le stovịglie, i piatti
Geschirrtuch canovạccio per asciugare i piatti
Geschirrspülmaschine la lavastovịglie
Glas/Gläser il bicchiẹre/i bicchiẹri
Gasherd cucina a gas
Kaffeefilter filtro per il caffè
Kaffeemaschine
(deutsche) mạcchina del caffè tedesca/americana
(italienische) macchinetta per il caffè, moka
Kehrbesen scopa
Kehrschaufel paletta per la spazzatura
Kochtopf pentola
Kühlschrank frigorịfero
Mikrowelle il microonde
Mixer il frullatore
Mülleimer pattumiera, secchio dell'immondizia
Pfanne padella
Putzmittel i prodotti per pulire
Schlafcouch divano letto
Schneidebrett il tagliẹre
Schüssel/n ciọtola/le ciọtole
Staubsauger l'aspirapọlvere *(m)*
Tasse/Tassen tazza/le tazze
Toaster il tostapane
Trockner l'asciugatrice *(f)*
Waschmaschine la lavatrice
Wasserkocher il bollitore
Wischmopp lavapavimento

Camping

Könnten Sie mir bitte sagen, ob es in der Nähe einen Campingplatz gibt?
Saprebbe dirmi se qui vicino c'è un campẹggio?

Haben Sie noch Platz für einen Wohnwagen/ein Zelt?
C'è ancora posto per una roulotte/una tenda?

Wie hoch ist die Gebühr pro Tag und Person?
Quanto si paga al giorno a persona?

Wie hoch ist die Gebühr für ...
Quanto si paga per ...

- ***das Auto?***
  l'auto?
- ***den Wohnwagen?***
  la roulotte?
- ***das Wohnmobil?***
  il camper?
- ***das Zelt?***
  la tenda?

Vermieten Sie stationäre Wohnwagen?
Si possono affittare roulottes?

Wir bleiben ... Tage/Wochen.
Rimaniamo ... giorni/settimane.

Wo sind ...
Dove sono ...

- ***die Toiletten?***
  i servizi igiẹnici?
- ***die Waschräume?***
  i lavandini?
- ***die Duschen?***
  le docce?

NDERSCHÖN!

Italien hat viele wunderschöne und gut ausgestattete Campingplätze. Oft handelt es sich um Feriendörfer, in denen neben riesigen Swimmingpools auch Supermärkte, Sportanlagen, Spielplätze, Bars und Restaurants nicht fehlen.

Wo kann ich Gasflaschen umtauschen?
Dove posso cambiare le bọmbole di gas?

Ist der Campingplatz bei Nacht bewacht?
Il campẹggio è sorvegliato la notte?

Camping	camping *(m)*, campẹggio
Campingausweis	tẹssera di campẹggio
Campingplatz	campẹggio
Gasflasche	bọmbola di gas
Gaskocher	fornello a gas
Hammer	il martello
Hering	il picchetto
Isomatte	materassino isolante

Kocher	fornello
Luftmatratze	materasso gonfiabile
Propangas	propano
Schlafsack	il sacco a pelo
Steckdose	presa
Stecker	spina
Stellplatz	piazzola
Strom	la corrente
Taschenlampe	la pila/tọrcia
Trinkwasser	ạcqua potạbile
Waschraum	i servizi igienici
Wasser	ạcqua
Wasserkanister	tạnica, latta
Wohnmobil	il camper
Wohnwagen	la roulotte
Zelt	tenda
zelten	campeggiare

FÜR ALLE FÄLLE

GUT ZU WISSEN

Bei leichten Beschwerden kann man sich in Italien ohne Weiteres an eine Apotheke wenden. Dort ist immer auch ein Arzt anwesend, von dem man nützliche Tipps und rezeptfreie Medikamente bekommen kann. Gut zu wissen: wenn das grüne Kreuz vor der Apotheke angeschaltet ist, dann hat sie geöffnet.

In der Apotheke

Könnten Sie mir bitte sagen, wo die nächste Apotheke (mit Nachtdienst) ist?
Scusi, potrebbe dirmi dove si trova la farmacịa (con servịzio notturno) più vicina?

Könnten Sie mir bitte (ein/e) ... geben?
Potrebbe darmi ..., per favore?

Abführmittel	un lassativo
Antibiotikum	un antibiọtico
Augentropfen	gocce per gli occhi, collịrio
Beruhigungsmittel	un calmante
Desinfektionsmittel	un disinfettante
Elastikbinde	una benda elạstica
Fieberthermometer	un termọmetro
Halstabletten	pastịglie per la gola
Hustensaft	uno sciroppo (contro la tosse)
Kondom	preservativi
Kopfschmerztabletten	compresse contro il mal di testa
Kreislaufmittel	un medicinale per la circolazione
Medikament	una medicina, un fạrmaco
Mittel	una medicina, un medicinale
Mittel gegen Insektenstiche	un rimẹdio contro le punture d'insetto

Mullbinde	una fạscia di garza
Ohrentropfen	gocce per le orecchie
Pflaster	cerotti
Rezept	una ricetta
Salbe	una pomata
Schlaftabletten	sonnịferi
Schmerztabletten	antidolorịfici
Sonnenbrandsalbe	una pomata per le scottature
Tabletten	compresse, pasticche, pịllole
Verhütungsmittel	un anticoncezionale *(m)*
Zäpfchen	supposte

FOGLIO ILLUSTRATIVO	**BEIPACKZETTEL**
la composizione	Zusammensetzung
le indicazioni terapeụtiche	Anwendungsgebiete
le controindicazioni	Gegenanzeigen
effetti collaterali	Nebenwirkungen
le interazioni	Wechselwirkungen
le precauzioni	Vorsichtsmaßnahmen

POSOLOGỊA:	**DOSIERUNGSANLEITUNG:**
... viene somministrato una/più volte al giorno	... wird 1×/mehrmals täglich verabreicht
1 compressa	1 Tablette
20 gọcce	20 Tropfen
1 misurino	1 Messbecher
prima dei pasti	vor dem Essen
dopo i pasti	nach dem Essen
a stọmaco vuọto	auf nüchternen Magen

prendere con un po' di liquido senza masticare	unzerkaut mit etwas Flüssigkeit einnehmen
diluire in ạcqua	in etwas Wasser auflösen
far sciọgliere in bocca	im Mund zergehen lassen
applicare uno strato sottile sulla pelle e frizionare	dünn auf die Haut auftragen und einreiben
i lattanti	Säuglinge
i bambini piccoli	Kleinkinder
(fino a circa … anni)	(bis zu … Jahren)
i bambini in età scolare	Schulkinder
gli adolescenti	Jugendliche
gli adulti	Erwachsene
Tenere fuori dalla portata dei bambini!	Für Kinder unzugänglich aufbewahren!

Beim Arzt

Könnten Sie mir einen … empfehlen?
Potrebbe raccomandarmi un buon …

- ***Arzt***
  mẹdico?
- ***Augenarzt***
  oculista?
- ***Frauenarzt***
  ginecọlogo?
- ***Hals-Nasen-Ohren-Arzt***
  otorinolaringoiạtra?

- ***Hautarzt***
  dermatọlogo?
- ***Kinderarzt***
  pediatra?
- ***Allgemeinmediziner***
  mẹdico genẹrico?
- ***Urologen***
  urọlogo?
- ***Zahnarzt***
  dentista?

Wo ist seine/ihre Praxis?
Dov'è il suo ambulatọrio?

BESCHWERDEN BESCHREIBEN

Ich habe Fieber.
Ho la febbre.

Mir ist oft schlecht/übel.
Spesso mi sento male/ho la nausea.

Mir ist manchmal schwindelig.
A volte mi gira la testa.

Ich bin ohnmächtig geworden.
Sono svenuto/a.

Ich habe Kopf-/Halsschmerzen.
Ho mal di testa/gola.

Ich habe Husten.
Ho la tosse.

Ich bin gestochen worden.
Sono stato/a punto/a.

Ich bin gebissen worden.
Sono stato/a morso/a.

Ich habe mir den Magen verdorben.
Ho fatto un'indigestione.

Ich habe Durchfall.
Ho la diarrẹa.

Ich habe Verstopfung.
Soffro di stitichezza.

Ich vertrage das Essen/die Hitze nicht.
Digerisco male./Non sopporto il caldo.

Ich habe mich verletzt.
Mi sono fatto/a male.

Ich bin allergisch gegen ...
Sono allergico/a ...

- *Antibiotika.*
  agli antibiọtici.
- *Bienen.*
  alle api.
- *Pollen.*
  ai pọllini.

Ich bin gegen ... geimpft.
Sono vaccinato/a contro ...

- *Hepatitis A/B/A und B*
  l'epatite A/B/A e B.
- *Tetanus*
  il tẹtano.

Ich habe einen hohen/niedrigen Blutdruck.
Ho la pressione alta/bassa.

Ich bin ...
Sono ...

- *Allergiker/in.*
  allẹrgico/a.
- *Diabetiker/in.*
  diabẹtico/a.

- *Epileptiker/in.*
  epilẹttico/a.
- *körperbehindert.*
  disabile fisico/a.
- *sehbehindert.*
  ipovedente.

Ich habe ...
Ho ...

- *Multiple Sklerose.*
  la sclerosi mụltipla.
- *einen Herzschrittmacher.*
  un pacemaker.

Ich bin schwanger.
Sono incinta.

Ich hatte vor kurzem ...
Poco tempo fa ho avuto ...

BEI DER UNTERSUCHUNG

Wo tut es weh?
Dove fa male?

Ich habe hier Schmerzen.
Ho dei dolori qui.

Sie brauchen ein paar Tage Bettruhe.
Deve stare a letto per qualche giorno.

Es ist nichts Ernstes.
Non è nịente di grave.

PRONTO SOCCORSO

In einem Notfall wenden Sie sich an den **Pronto Soccorso** (*Erste Hilfe*) der öffentlichen Krankenhäuser. Bei einer ersten Untersuchung wird die Dringlichkeit Ihres Falls beurteilt. Die dringenden Fälle haben Priorität, die weniger dringenden müssen warten. Wenn Sie nach der **tessera sanitaria** gefragt werden, zeigen Sie Ihre Gesundheitskarte vor. EU-Bürger haben in Erste-Hilfe-Stationen Anspruch auf eine kostenfreie Behandlung medizinischer Notfälle.

Im Krankenhaus

Wie lange muss ich hier bleiben?
Per quanto tempo devo stare qui?

Geben Sie mir bitte ...
Potrebbe darmi ..., per favore?

- ***ein Glas Wasser.***
  un bicchiere d'ạcqua
- ***eine Schmerztablette***
  un antidolorịfico
- ***eine Schlaftablette.***
  un sonnịfero
- ***eine Wärmflasche.***
  una borsa dell'ạcqua calda

Ich kann nicht einschlafen.
Non riesco ad addormentarmi.

Wann darf ich aufstehen?
Quando potrọ̀ alzarmi?

KRANKHEITEN UND BESCHWERDEN

Abszess ascesso
Allergie allergịa
Angina angina
ansteckend contagiọso

Asthma	l'asma *(m/f)*
Atembeschwerden	difficoltạ̀ respiratorie
Ausschlag	l'eruzione *(f)* cutạnea
Blähungen	flatulenza
Blinddarmentzündung	l'appendicite *(f)*
Bluthochdruck	l'ipertensione *(f)*
Blutung	emorragịa
Blutvergiftung	setticemịa
Brechreiz	nạusea
Bronchitis	la bronchite
Diabetes	il diabete
Durchfall	diarrẹa
Entzündung	l'infiammazione *(f)*
Epilepsie	epilessia
Erkältung	il raffreddore
Fehlgeburt	aborto
Fieber	la febbre
gebrochen	rotto
Gehirnerschütterung	la commozione cerebrale
Gehirnschlag	apoplessịa cerebrale
Gelbsucht	itterịzia
Geschlechtskrankheit	malattịa venẹrea
geschwollen	gọnfio
Geschwulst	il tumore
Gleichgewichts-störungen	disturbi dell'equilịbrio
Grippe	influenza
Halsschmerzen	mal di gola
Hämorriden	le emorrọidi
Herpes	l'herpes *(m)*
Herzinfarkt	infarto
Herzrasen	tachicardịa
Heuschnupfen	il raffreddore da fiẹno
Hexenschuss	colpo della strega
Hirnhautentzündung	la meningite
Husten	la tosse
Infektion	l'infezione *(f)*
Ischias	sciạtica
Knochenbruch	frattura ọssea

Kolik	cọlica
Kopfschmerzen	il mal di testa
Krampf	crampo
Krankheit	malattịa
Krebs	cancro
Kreislaufstörung	disturbi circolatori
Lähmung	la parạlisi
Lebensmittelvergiftung	l'intossicazione *(f)* da alimenti
Lungenentzündung	la polmonite
Magenschmerzen	il mal di stọmaco
Mandelentzündung	la tonsillite
Migräne	emicrạnia
Nasenbluten	l'epistassi *(f)*
Nierenentzündung	la nefrite
Nierenstein	cạlcolo renale
Ohnmacht	svenimento
Pilzinfektion	la micosi
Rheuma	i reumatismi
Rückenschmerzen	il dolore alla schiena
Salmonellenvergiftung	la salmonellosi
Schlaflosigkeit	insọnnia
Schlaganfall	l'ictus *(m)*
Schmerzen	i dolori
Schnupfen	il raffreddore
Schüttelfrost	i brịvidi
Schwindel	le vertịgini
Sehstörungen	disturbi della vista
Sodbrennen	acidità di stọmaco
Sonnenbrand	scottatura (solare)
Sonnenstich	colpo di sole
Stirnhöhlenentzündung	la sinusite
Tetanus	tẹtano
Übelkeit	nạusea
Verbrennung	l'ustione *(f)*
Verdauungsstörung	l'indigestione *(f)*
Vergiftung	avvelenamento
Verletzung	ferita
Verstopfung	la costipazione, stitichezza
weh tun	far male
Windpocken	varicella

Wunde	ferita
Zecke	zecca
Zyste	la ciste

KÖRPER- UND KRANKENHAUS-WORTSCHATZ

Attest	certificato
Besuchszeit	orạrio di vịsita
bewusstlos	privo di sensi
Blase	vescica
Blut	il sạngue
Blutabnahme	prelievo di sangue
Blutdruck (hoher/ niedriger)	la pressione sanguịgna (alta/bassa)
bluten	sanguinare
Blutgruppe	gruppo sanguịgno
Bronchien	i bronchi
Bypass	il bypass
Chirurg/in	chirurgo
Darm	intestino
desinfizieren	disinfettare
Diagnose	la dịagnosi
Diät	il regime, la dịeta
Eiter	il pus
sich erbrechen	vomitare
Facharzt	lo specialista
Gallenblase	la cistifẹllea
Gehirn	cervello
Gehör	udito
Gelenk	l'articolazione *(f)*
Geschlechtsorgane	gli ọrgani genitali
Haut	la pelle
Herz	il cuore
Herzschrittmacher	il cardiostimolatore, il pacemaker
Husten	la tosse
Impfpass	libretto di vaccinazione

Impfung	la vaccinazione
Infusion	la fleboclisi
Knochen	osso
krank	malato
Krankenhaus	l'ospedale *(m)*
Krankenkasse	l'assicurazione (*f*) sanitaria
Krankenpfleger/in	infermiẹre/a
Leber	fẹgato
Lunge	il polmone
Magen	stọmaco
Mandeln	le tonsille
Menstruation	la mestruazione
Muskel	mụscolo
nähen	suturare
Narbe	la cicatrice
Narkose	anestesịa
Nerv	nervo
nervös	nervoso
Niere	il rene
Operation	l'operazione *(f)*
Prothese	la prọtesi
Puls	polso
Rippe	cọstola
röntgen	radiografare
Röntgenaufnahme	radiografịa, lastra
Rückgrat	spina dorsale
Schiene	stecca
Schwangerschaft	gravidanza
schwitzen	sudare
Speiseröhre	esọfago
Sprechstunde	orạrio di vịsita
Spritze	la siringa
Station	reparto
Stich	puntura
Stuhlgang	l'evacuazione *(f)*
Trommelfell	tịmpano
Ultraschalluntersuchung	l'esame *(m)* con ultrasuoni

Unterleib l'addome *(m)*
Untersuchung l'esame *(m)*
Urin urina
Verband la fasciatura
verbinden fasciare
Verdauung la digestione
verschreiben prescrivere
Virus il virus
Wartezimmer sala d'aspetto
Wirbelsäule spina dorsale, colonna vertebrale

Beim Zahnarzt

Ich habe (starke) Zahnschmerzen.
Ho (un forte) mal di denti.

Dieser Zahn (oben/unten/vorn/hinten) tut weh.
Questo dente (in alto/in basso/davanti/in fondo) fa male.

Ich habe eine Füllung verloren.
È saltata l'otturazione.

Mir ist ein Zahn abgebrochen.
Mi si è rotto un dente.

Geben Sie mir bitte eine Spritze.
Mi dia un'iniezione, per favore.

Geben Sie mir bitte keine Spritze.
Non mi dia un'iniezione, per favore.

Backenzahn il molare
Brücke il ponte
Füllung otturazione
Kiefer mascella
Krone corona
Loch buco

Prothese – la prọtesi
Schneidezahn – incisivo
Weisheitszahn – il dente del giudịzio
Zahn – il dente
Zahnfleisch – gengiva
Zahnschmerzen – il mal di denti
ziehen – estrarre

Bankgeschäfte tätigen

Können Sie mir bitte sagen, wo hier eine Bank ist?
Scusi, saprebbe dirmi se c'è una banca qui vicino?

Ich möchte ... Schweizer Franken in Euro wechseln.
Vorrei cambiare ... franchi svịzzeri in euro.

Der Geldautomat akzeptiert meine Karte nicht.
Il bạncomat non accetta la mia carta.

Der Geldautomat gibt meine Karte nicht mehr heraus.
Il bạncomat non restituisce la mia carta.

auszahlen – pagare
Bank – banca
Bankkarte – carta bạncomat
bar – in contanti
Bargeld – i contanti
Bearbeitungsgebühr – tassa di cancellerịa
Betrag – importo
Cent – centẹsimo
Euro – ẹuro
Formular – mọdulo
Geheimzahl – cọdice segreto
Geld – denaro
Geldautomat – il bạncomat
Geldschein – banconota
Geldwechsel – cạmbio
Kleingeld – gli spịccioli, la moneta

Konto	conto
Kreditkarte	carta di crẹdito
Münze	moneta
Quittung	ricevuta
Schweizer Franken	franco svịzzero
Überweisung	il bonịfico
umtauschen	cambiạre
Unterschrift	firma
Währung	valuta
Wechselkurs	cambio
Zahlung	pagamento

Fundbüro

Können Sie mir bitte sagen, wo das Fundbüro ist?
Scusi, saprebbe dirmi dov’ẹ̀ l’ufficio oggetti smarriti?

Ich habe ... verloren.
Ho perso ...

Ich habe meine Handtasche im Zug vergessen.
Ho lasciato la (mia) borsa sul treno.

Hier ist meine Hotelanschrift/Heimatadresse.
Ecco l’indirizzo del mio albergo/il mio indirizzo di casa.

Im Internetcafé

Wo gibt es in der Nähe ein Internetcafé?
C’è un Internet point/café quị vicino?

Ich möchte ...
Vorrei ...

– im Internet surfen.
navigare su Ịnternet.

- ***einen Drucker benutzen.***
  usare una stampante.
- ***einen Scanner benutzen.***
  usare uno scannerizzatore.
- ***eine CD brennen.***
  masterizzare un CD.

Wie viel kostet eine Stunde?/Viertelstunde?
Quanto costa un'ora/un quarto d'ora?

Kann ich ... mit diesem Computer verbinden?
Posso collegare ... con questo computer?

- ***meinen USB-Stick***
  la mia chiavetta USB
- ***meine Kamera***
  la mia fotocạmera
- ***meinen MP3-Player***
  il mio lettore mp3

Kann ich bei Ihnen skypen?
Posso skypare qui da Lei?

Gibt es Kopfhörer mit Mikrofon?
Ci sono le cụffie ed il micrọfono?

Kann ich von hier ein Fax versenden?
Posso spedire un fax da qui?

Kann ich eine Seite ausdrucken?
Posso stampare una pạgina?

Kann ich bei Ihnen Fotos von meiner Digitalkamera auf CD brennen?
Mi potrebbe masterizzare su CD delle foto scaricate dalla mia fotocạmera digitale?

Bei mir klappt die Verbindung nicht.
Non riesco a connẹttermi.

Ich habe Probleme mit dem Computer.
Ho dei problemi con il computer.

Bei der Polizei

Könnten Sie mir bitte sagen, wo das nächste Polizeirevier ist?
Scusi, saprebbe indicarmi il prọssimo commissariato di polizịa?

Ich möchte ... anzeigen.
Vorrei denunciạre ...

- ***einen Diebstahl***
  un furto.
- ***einen Überfall***
  un assalto/un'aggressione.

Mir ist ... gestohlen worden.
Mi è stata/o rubata/o ...

- ***die Handtasche***
  la borsa.
- ***die Brieftasche***
  il portafọglio.
- ***mein Fotoapparat***
  la mạcchina fotogrạfica.
- ***mein Auto/mein Fahrrad***
  la mạcchina/la bicicletta.

Mein Auto ist aufgebrochen worden.
La mia mạcchina è stata forzata.

Ich habe ... verloren.
Ho perso ...

Mein Sohn/Meine Tochter ist verschwunden.
Mio fịglio/Mia fịglia è scomparso/a.

Dieser Mann belästigt mich.
Quest'uomo mi sta molestando.

Können Sie mir bitte helfen?
Mi puọ̀ aiutare, per favore?

NOTRUFNUMMERN

112 Carabinieri Notruf allg.

113 Polizia di Stato bei Überfällen, Schlägereien, Diebstahl

115 Vigili del Fuoco Feuerwehr

118 Ambulanza Krankenwagen

aufbrechen	forzare, scassinare
belästigen	molestare
beschlagnahmen	sequestrare
Dieb	ladro
Diebstahl	furto
Geldbeutel	borsellino
Gericht	il tribunale
Papiere	i documenti
Personalausweis	carta d'identitạ̀
Polizei	polizịa
Polizist/in	l'agente *(m/f)* di polizia; *(Verkehrs~)* il vịgile/ la vigilessa
Rauschgift	gli stupefacenti
Rechtsanwalt	avvocato
Reisepass	passaporto
Richter	il giụdice
Schlüssel	la chiave
Schmuggel	contrabbando
Schuld	colpa
sexuelle Belästigung	molẹstia sessuale
Taschendieb	il borsaiolo, lo scippatore
Überfall	l'aggressione *(f)*, l'assalto
Untersuchungshaft	la detenzione preventiva
Verbrechen	delitto
Vergewaltigung	violenza (carnale), stupro
verhaften	arrestare
verlieren	pẹrdere
zusammenschlagen	picchiare, pestare

Auf der Post

Können Sie mir bitte sagen, wo ... ist?
Scusi, saprebbe indicarmi...

– das nächste Postamt
il prọssimo uffịcio postale?
– der nächste Briefkasten
la prọssima cassetta postale?

Was kostet ein Brief/eine Postkarte ...
Quanto costa una lẹttera/una cartolina per ...

– nach Deutschland?
la Germạnia?
– nach Österreich?
l'Ạustria?
– in die Schweiz?
la Svịzzera?

Drei Briefmarken zu ..., bitte.
Tre francobolli da ..., per favore.

Diesen Brief bitte per Einschreiben versenden.
Spedisca questa lettera per posta raccomandata, per favore.

Wie lange braucht ein Brief nach Deutschland?
Quanto tempo impiega una lẹttera per arrivare in Germạnia?

Haben Sie Sondermarken?
Avete anche delle emissioni speciali?

Absender	il mittente
Adresse	indirizzo
Brief	lẹttera
Briefkasten	cassetta postale
Briefmarke	francobollo
Einschreibebrief	raccomandata
Empfänger	destinatạrio

frankieren	affrancare
Gebühr	tariffa
Gewicht	peso
Leerung	levata
nachsenden	recapitare
Päckchen	pacchetto
Paket	pacco
Porto	affrancatura
Postamt	ufficio postale
Postkarte	cartolina postale
Postleitzahl	CAP (codice di avviamento postale)
Zollerklärung	la dichiarazione doganale

Telefonieren

Ich möchte nach ... telefonieren.
Vorrei telefonare in ....

Wie viel kostet es pro Minute?
Quanto costa al minuto?

Ich möchte ...
Vorrei ...

- ***eine Telefonkarte.***
  una scheda telefonica.
- ***ein R-Gespräch führen.***
  fare una telefonata a carico del destinatario.

Wie ist bitte die Vorwahl von ...?
Scusi, qual è il prefisso di/per ...?

EIN TELEFONGESPRÄCH FÜHREN

Hier spricht ...
Qui parla ...

Hallo, mit wem spreche ich, bitte?
Pronto, scusi, con chi parlo?

Kann ich bitte Herrn/Frau ... sprechen?
Scusi, potrei parlare con il signor/la signora ...?

Möchten Sie eine Nachricht hinterlassen?
Vuol lasciar detto qualcosa?

Anruf	telefonata, chiamata
anrufen	telefonare
Auskunft	informazioni
Auslandsgespräch	chiamata internazionale
besetzt	occupato
Ferngespräch	interurbana
Gespräch	la conversazione
Handy	il cellulare/telefonino
Hörer	il ricevitore
Ladegerät	il ricaricatore
Ortsgespräch	telefonata urbana
Prepaid-Guthaben	il cręsaid scheda prepagata
R-Gespräch	la comunicazione telefọnica a cạrico del ricevente
SIM-Karte	la carta SIM
Smartphone	lo smartphone
Telefon	telẹfono
Telefonbuch	elenco telefọnico
Telefonnummer	nụmero telefọnico
Telefonzelle	cabina telefọnica
Vorwahlnummer	prefisso
wählen	digitare il nụmero

Mit dem Handy

Mein Akku ist leer. Haben Sie ein Ladekabel für mich?
Ho la batteria scarica. Ha un cavo per ricaricarla?

Ich habe kein Netz.
Non ho campo.

Ich möchte meine Karte aufladen.
Vorrei ricaricare la mia scheda.

Mein Anbieter ist ...
La mia compagnia è la ...

Ich hätte gerne ..., bitte.
Scusi, vorrei ...

- *ein Handy mit einer Prepaid-Karte.*
  un cellulare con scheda prepagata.
- *eine SIM-Karte.*
  una scheda SIM.

Geben Sie mir bitte eine Tarifübersicht.
Potrebbe darmi un listino delle Vostre tariffe?

Haben Sie Guthabenkarten der Mobilfunkgesellschaft ...?
Avete delle carte prepagate della ...?

Ich suche ein Mobiltelefon mit InEar-Kopfhörer.
Cerco un cellulare con auricolare.

Verleihen Sie auch Freisprechanlagen?
Noleggiate anche degli apparecchi viva voce?

Haben Sie Handyhüllen?
Avete delle custọdie per cellulari?

Ladegerät ... il caricabatterie
Prepaid-Guthaben ... il crẹdito della scheda prepagata
SIM-Karte ... la carta SIM
Smartphone ... lo smartphone

Toilette und Bad

Wo ist bitte die Toilette?
Scusi, dov'ẹ̀ il bagno?

Dürfte ich bei Ihnen die Toilette benutzen?
Scusi, potrẹi andare in bagno?

Würden Sie mir bitte den Schlüssel für die Toiletten geben?
Potrebbe darmi la chiave per il bagno, per favore?

Behinderte	Disạbili
Damen	Donne
Damenbinden	gli assorbenti
Handtrockner	asciugatore elettrico per le mani
Handwaschbecken	lavabo, lavandino
Herren	Uomini
Papierhandtücher	le salviette
sauber	pulito
schmutzig	sporco
Seife	il sapone
Stehklosett	gabinetto alla turca
Tampons	gli assorbenti interni
Toilettenpapier	carta igiẹnica
Wasserspülung	lo sciacquone
Wickeltisch	fasciatoio

Im Notfall

die ***Brandbekämpfung***
la lotta contro gli incendi

das ***Polizeirevier***
il commissariato di polizia

der ***Defibrillator***
il defibrillatore

der ***Feuerlöscher***
l'estintore

der ***Notausgang***
l'uscita di sicurezza

der ***Notknopf***
il pulsante di emergenza

die ***Notrufnummer***
il numero d'emergenza

der ***Rettungshubschrauber***
l'elicottero di salvataggio

der ***Sammelpunkt***
il punto di riunione

der ***Rettungsring***
la scialuppa di salvataggio

die ***Schwimmweste***
il giubbetto di salvataggio

das ***Rettungsboot***
il pattino di salvatag

WÖRTERBUCH

WÖRTERBUCH ITALIENISCH - DEUTSCH

A

a *(Richtung)* zu, nach; *(pro)* je; **vicino ~** *(nahe bei, neben)* an
a casa daheim
a livello del suolo ebenerdig
a quest'ora um diese Zeit
a tinta unita einfarbig
a volte manchmal
abbastanza ziemlich
abbazịa Abtei
abbigliamento Kleidung; **~ per bambini** Kinderkleidung
abbracciạre umarmen
abbreviazione *(f)* Abkürzung
abbronzato *(gebräunt)* braun
abitante *(mf)* Einwohner(in)
abitare wohnen
ạbito Anzug; **~ da sera** Abendgarderobe
accappatọio Bademantel
acceleratore *(m)* Gaspedal
acceleratore a mano *(Auto)* Handgas
accẹndere anzünden; *(Licht)* einschalten
accettare annehmen; *(Einladung)* zusagen
accettazione *(f)* Anmeldung
accompagnare begleiten
accompagnatore, -trice Begleitperson
acconsentire einwilligen
accordarsi su sich einigen über
accumulatore *(m)* Akku
aceto Essig
acidità di stọmaco Sodbrennen
ạcqua *(m)* Wasser; **~ calda** warmes Wasser; **~ di raffreddamento** Kühlwasser; **~ fredda** kaltes Wasser; **~ jogging** Aquajogging; **~ minerale** Mineralwasser; **~ potạbile** Trinkwasser
acquạio Spülbecken
adattatore *(m)* Adapter
adatto *(geeignet)* richtig; **~ per carrozzelle** rollstuhlgerecht
aderire zustimmen
adirato zornig
adoperare verwenden
Adriạtico Adria
adulto, adulta Erwachsene/r
aeroporto Flughafen
affermare behaupten
affittare vermieten; *(selbst)* mieten
affittare vermieten; *(selbst)* mieten
affitto Miete
affrancare frankieren
affrancatura Porto
affrettarsi sich beeilen
afoso schwül
agente *(mf)* Polizist(in)
aggiụngere hinzufügen
ạglio Knoblauch
ago Nadel
agosto August
agro sauer
air terminal *(m)* Terminal
aiụto Hilfe, Unterstützung
al di sotto di unterhalb
ạlbero Baum
albicocche Aprikosen
alcuni einige, ein paar
alimentazione *(f)* Verpflegung
alle *(Zeitangabe)* um
allegro lustig, fröhlich
allergịa Allergie
allẹrgico Allergiker(in)
allọggio Unterkunft
allora damals; *(Zeit)* da; *(als Konjunktion)* also
almeno wenigstens
alpinismo Bergsteigen
alta marea Flut
alto hoch; *(Statur)* groß
altro andere, weitere; **~ ịeri** vorgestern
altrove anderswo
alzarsi aufstehen
amaro bitter
ambasciạta Botschaft
amico, amica Freund(in)

ammenda Bußgeld
ammesso zulässig
amore *(m)* Liebe
ampio weit
analcolico alkoholfrei
anca Hüfte
anche auch
ancora noch
andar via weggehen
andare gehen, fahren; **~ a letto** zu Bett gehen; **~ a trovare qualcuno** jemanden besuchen; **~ in bicicletta** Rad fahren
anello Ring
anestesia Narkose
angina Angina
angolo Ecke
anguilla Aal
animale *(m)* Tier
animali domestici *(mpl)* Haustiere
anno Jahr; **~ prossimo** nächstes Jahr
antibiotico Antibiotikum
antico *(aus früheren Zeiten)* alt
anticoncezionale *(m)* Verhütungsmittel
antigelo Frostschutzmittel
antipasto Vorspeise
ape *(f)* Biene
aperto auf, offen, geöffnet
appartamento Wohnung
appartenere gehören
appena kaum
appendicite *(f)* Blinddarmentzündung
appuntamento Verabredung
apribottiglie *(m)* Flaschenöffner
aprile April
aprire öffnen
apriscatole *(m)* Dosenöffner
arance Apfelsinen
argento Silber
aria Luft; **~ condizionata** Klimaanlage
aringa *(Fisch)* Hering
armadio Schrank
arrabbiarsi; **~ per qualcosa** sich ärgern über etw; **~ con qualcuno** sich ärgern über jdn
arrabbiato wütend, zornig, verärgert
arrestare verhaften
arrivare eintreffen
arrivo Ankunft
arrostito gebraten, geröstet
arte *(f)* Kunst; **~ di vasaio** Töpferei; **~ grafica** Grafik; **~ orafa** Goldschmiedekunst
articolazione *(f)* Gelenk
ascensore *(m)* Fahrstuhl
asciugamano Handtuch
asciugare trocknen; **~ con il fon** föhnen
asciugatrice *(f)* Wäschetrockner
asciutto trocken
asma *(mf)* Asthma
asparagi *(mpl)* Spargel
aspettare erwarten, warten
aspirapolvere *(m)* Staubsauger
assaggiare *(Speisen)* versuchen
assalto Überfall
assicurazione *(f)* Versicherung; **~ di totale copertura** Vollkasko; **~ parziale per tutti i rischi** Teilkasko
assolutamente durchaus; unbedingt
assorbenti *(fpl)* Damenbinden; **~ sottili** Slipeinlagen
attento aufmerksam, vorsichtig
attenzione Aufmerksamkeit; **~!** Vorsicht!; Achtung!; **fare ~ (a)** Acht geben (auf)
atterraggio Landung
attraversare überqueren
attraverso quer durch
attrezzo Werkzeug
Austria Österreich
austriaco, austriaca Österreicher(in)
auto *(f)* Auto, Wagen
autobus *(m)* Bus; **~ interurbano** Überlandbus; **~ urbano** Stadtbus
autosoccorso Abschleppdienst
autostrada Autobahn

autunno Herbst
avanti; **~!** herein!; vorwärts!
avẹr bisogno di benötigen
avere haben; **avẹr bisogno di** brauchen; **avẹr fretta** es eilig haben; **~ il mal di mare** seekrank sein
avocado *(m)* Avocado
avvelenamento Vergiftung
avvertire benachrichtigen; **~ di** warnen vor
avvicinarsi sich nähern

B

bagaglịaio Kofferraum
bagạglio Gepäck
bagnato nass
bagno *(m)* Badezimmer; **~ aromạtico** Aromabad; **~ di fiẹno** Heubad; **~ per handicappati** Behindertentoilette; **~ termale** Heilbad
bạita *(Alpen)* Hütte
balcone *(m)* Balkon
ballare tanzen
bambino Kind
banca Bank
banchina Kai
banconota Geldschein
barba Bart
barretta di cioccolata Schokoriegel
barzelletta Witz
basịlico Basilikum
basso niedrig, tief; *(Statur)* klein; **a bassa voce** leise
bello schön
belvedere *(m)* Aussichtspunkt
benché obwohl
benda elạstica Elastikbinde
bene *(m)* Wohl
bene *(als Adverb)* gut; wohl
benvenuto willkommen
bere trinken
bevanda Getränk
biancherịa ịntima Unterwäsche
bịanco weiß
bịbita Erfrischung *(Getränk)*
bicicletta Fahrrad; **~ da corsa** Rennrad; **~ da trekking** Trekkingrad; **~ per disạbili** Handbike
bidone delle immondịzie *(m)* Mülltonne
biglietterịa Fahrkartenschalter
bikịni *(m)* Bikini
binạrio Gleis
biro *(f)* Kugelschreiber
birra Bier; **~ analcọlica** alkoholfreies Bier
biscotti *(mpl)* Kekse
blu blau
bocca Mund
bollettino meteorolọgico Wetterbericht
bollito gekocht
bollitore *(m)* Wasserkocher
bọmbola di gas Gasflasche
borotalco Körperpuder
borsa Tasche, Handtasche, Beutel; **~ a tracolla** Umhängetasche; **~ da viạggio** Reisetasche; **~ frigo** Kühltasche
borsaiolo, borsaiola Taschendieb(in)
bosco Wald
bottịglia Flasche
bottiglierịa Spirituosengeschäft
bottone *(m)* Knopf
braccialetto Armband
bracciali salvagente *(mpl)* Schwimmflügel *(mpl)*
brịvidi *(mpl)* Schüttelfrost; *(Grausen)* Schauder
bronchi *(mpl)* Bronchien
bronchite *(f)* Bronchitis
bruciạre verbrennen, brennen
brutto hässlich *(Bedingungen, Umstände)* übel; *(Wetter)* schlecht
bucato Wäsche
buco Loch
buono *(als Adjektiv)* gut
buono *(m)* Gutschein; **~ per le cure mẹdiche** Krankenschein
burro Butter

bụssola Kompass
busta Plastiktasche *(Papier)* Briefumschlag
bustina di tè Teebeutel
bypass *(m)* Bypass

C

c'è es gibt; **~ Luigi?** ist Luigi da?
cadere fallen, stürzen
caffè *(m)* Kaffee; *(Lokal)* Café
calamaro Tintenfisch
caldo warm; *(wärmer)* heiß
calmante *(m)* Beruhigungsmittel
calzamạglia Strumpfhose
calzini *(mpl)* Socken
cambiare ändern, verändern *(austauschen)* tauschen; *(Geld)* wechseln, umtauschen; *(Zug)* umsteigen; **~ il bigliẹtto** umbuchen
cạmbio Wechsel; Geldwechsel, Wechselkurs, Umrechnung; **~ automạtico** Automatik(getriebe); **~ dell'ọlio** Ölwechsel; **~ della guạrdia** Wachablösung
cạmera Zimmer; **~ da letto** Schlafzimmer
cạmera d'ạria Luftschlauch
cameriẹre Kellner
camicetta Bluse
camịcia Hemd
camminare *(zu Fuß)* gehen; wandern
camomilla Kamille *(Getränk)* Kamillentee
campanello Klingel
campeggiare zelten
campẹggio Camping
camping *(m)* Camping *(Ort)* Campingplatz
candela Kerze *(Auto)* Zündkerze
cane *(m)* Hund; **~ guida per ciẹchi** Blindenhund
cannụccia Strohhalm
canovạccio per asciugare i piatti Geschirrtuch
cantare singen
cantiere ẹdile Baustelle
canzone *(f)* Lied
CAP Postleitzahl
capanna Hütte
caparra *(f)* Anzahlung
capelli *(mpl)* Haare
capire verstehen
capitano Kapitän
capolịnea *(m)* Endstation
cappella Kapelle
cappello Hut; **~ da sole** Sonnenhut
cappotto Mantel
carciọfi *(mpl)* Artischocken
cardiostimolatore *(m)* Herzschrittmacher
carino hübsch
carne *(f)* Fleisch; **~ d'agnello** Lammfleisch; **~ di maiale** Schweinefleisch; **~ di manzo** Rindfleisch; **~ di castrato** Hammelfleisch; **~ di montone** Hammelfleisch; **~ di vitello** Kalbfleisch; **~ macinata** Hackfleisch
caro lieb; liebenswürdig *(kostspielig)* teuer; **non ~** billig
carote *(fpl)* Karotten
carro attrezzi Abschleppwagen
carrozzella Rollstuhl; **~ elẹttrica** Elektrorollstuhl; **~ pieghẹvole** Faltrollstuhl
carta Papier; **~ automobilịstica** Straßenkarte; **~ d'identità** Personalausweis; **~ d'imbarco** Bordkarte; **~ da lẹttere** Briefpapier; **~ da scrịvere** Briefpapier; **~ di crẹdito** Kreditkarte; **~ geogrạfica** Landkarte; **~ igiẹnica** Toilettenpapier; **~ telefọnica** Telefonkarte; **~ verde** grüne Versicherungskarte
cartolerịa Schreibwarengeschäft
cartolina illustrata Ansichtskarte

cartolina postale Postkarte
casa Haus; **~ per le vacanze** Ferienhaus; **a ~** daheim
cascata Wasserfall
casco Sturzhelm; **~ di protezione** Fahrradhelm
casomai falls
cassa Kasse; *(Kasten)* Kiste; **~ automạtica prelievi** Geldautomat; **~ malattịa** Krankenkasse
cassaforte *(f)* Safe
castello Burg, Schloss; **~ di sạbbia** Sandburg
catena Kette
cattedrale *(f)* Kathedrale
cattivo schlecht, böse, gemein
causare verursachen
cauzione *(f)* Kaution; *(für Flaschen)* Flaschenpfand
cavalcare reiten
cavallo Pferd
cavatappi *(m)* Korkenzieher
caverna Höhle
cavo da rimọrchio Abschleppseil
cavo ricạrica *(für Handy, Laptop)* Ladekabel
cavolfiore *(m)* Blumenkohl
cạvolo Kohl
ceci *(mpl)* Kichererbsen
cellulare *(m)* Handy
cena Abendessen
centịmetro Zentimeter
centro Zentrum, Mitte; **~ città** Stadtzentrum; **~ commerciạle** Einkaufszentrum; **~ di fitness** Fitnesscenter; **~ stọrico** Altstadt; **~ vacanze** Ferienanlage
cercare suchen
cerotto Pflaster
certamente sicher
certificare bescheinigen
certo *(als Adjektiv)* gewiss, bestimmt; *(als Adverb)* natürlich, sicherlich
certamente bestimmt
cetriọlo Gurke
che *(als Konjunktion)* dass; *(als Relativpronomen)* der, die, das; **~ peccato!** wie schade!; **~ ...?/~ cosa?** was?
chiamare rufen *(Telefon)* aufrufen; *(Name)* nennen
chiamarsi heißen
chiạro deutlich, hell, klar
chiạsso Lärm
chiave *(f)* Schlüssel; **~ di accensione** Zündschlüssel
chilogrammo Kilogramm
chilọmetro Kilometer
chiụdere schließen, zumachen, einschließen; **~ a chiave** abschließen, zuschließen, verschließen
chiụso geschlossen, zu
ci *(als Personalpronomen)* uns; *(als Adverb)* dort, hier, da; **~ sono** es gibt; **~ sono i nonni?** sind die Großeltern da?
cicatrice *(f)* Narbe
cicerone *(m)* Fremdenführer(in)
cielo Himmel
ciliẹgie Kirschen
cima Gipfel
cịnema *(m)* Kino; **~ all'aperto** Freilichtkino
cintura Gürtel; **~ di sicurezza** Sicherheitsgurt
ciò nonostante trotzdem
cioccolata Schokolade
ciọtola Schüssel
cịpria Gesichtspuder
circa ungefähr
circonvallazione Umgehungsstraße
città Stadt
ciụccio Schnuller
clacson *(m)* Hupe
clavịcola Schlüsselbein
cliente *(mf)* Kunde, Kundin; *(Anwalt)* Klient(in)
codice di avviamento postale Postleitzahl
cọdice segreto Geheimzahl
cognome *(m)* Familienname; **~ di nascita** Geburtsname; **~ da nubile** Geburtsname
coincidenza Anschluss

colazione *(f)* Frühstück; **fare ~** frühstücken
cọlica Kolik
collana Kette
collant *(mpl)* Feinstrumpfhose
collina Hügel
collịrio Augentropfen
collisione *(f)* Zusammenstoß
collo Hals
colpire schlagen, treffen
colpo apoplẹttico Schlaganfall
colpo della strega Hexenschuss
colpo di sole Sonnenstich
coltello Messer; **~ tascạbile** Taschenmesser
come *(Vergleich, Frage)* wie
cominciare anfangen
commestịbile essbar
commozione cerebrale *(f)* Gehirnerschütterung
comodino Nachttisch
cọmodo bequem
compagnịa aẹrea Fluggesellschaft
competente zuständig
compilare ausfüllen
compleanno Geburtstag
comprare kaufen
compreso inbegriffen
compressa Tablette
compresse contro il mal di testa Kopfschmerztabletten
computer portạtile *(m)* Laptop
comune *(m)* Gemeinde
comune *(als Adjektiv)* gemeinsam; *(üblich)* gewöhnlich
comunicazione *(f)* Mitteilung; *(Telekommunikation)* Verbindung; **~ internazionale** Auslandsgespräch; **~ telefọnica a cạrico del ricevente** R-Gespräch
con mit; *(Mittel)* durch
con pochi grassi fettarm
conchịglia Muschel
condimento per l'insalata Dressing
condire würzen
confermare bestätigen
confortẹvole gemütlich
confrontare vergleichen
congedarsi sich verabschieden
congiuntivite *(f)* Bindehautentzündung
congratularsi gratulieren
conoscente *(mf)* Bekannte/r
conọscere kennen
consegna del bagạglio Gepäckausgabe
consegna delle chiavi Schlüsselübergabe
consịglio Rat, Tipp
consumo Verbrauch; **~ d'ạcqua** Wasserverbrauch
contagiọso ansteckend
contanti *(mpl)* Bargeld
contare zählen
contatto Kontakt, Berührung, Verbindung
contemporạneo gleichzeitig
contento zufrieden, froh
contenuto Inhalt
conto Rechnung
contrạrio Gegenteil; **al ~** im Gegenteil; **ẹssere ~** dagegen sein
contratto Vertrag
contro gegen
controllare kontrollieren, prüfen
controllo dei passaporti Passkontrolle
controllo di sicurezza Sicherheitskontrolle
controllo radar Radarkontrolle
contusione *(f)* Prellung
convalidare entwerten
convento Kloster
conversare sich unterhalten
conversazione *(f)* Gespräch, Unterhaltung
convịncere überzeugen
coperta Bettdecke; **~ di lana** Wolldecke
coperto Gedeck
cọppia (Ehe-)Paar
corda Seil; **~ per stẹndere il bucato** Wäscheleine

cornflakes *(Pluralform)* Cornflakes
corpo Körper
correre laufen, rennen
corridoio Gang, Hausflur
corrotto *(sittlich)* verdorben
cortese höflich
corto kurz
corto circuito Kurzschluss
cosa Sache, Ding; **(que) ~?** was?
cose da vedersi *(fpl)* Sehenswürdigkeiten
così so
costa Küste
costare kosten
costipazione *(f)* Erkältung; *(Stuhlgang)* Verstopfung
costoletta Kotelett
costruzione *(f)* Bauwerk
cotto gar, gekocht; **~ a vapore** gedämpft
cozze *(fpl)* Miesmuscheln
crampo Krampf
cravatta Krawatte
credere glauben, meinen
crema Crème; **~ per le mani** Handcreme; **~ solare** Sonnencreme
cric *(m)* Wagenheber
crociera Kreuzfahrt
crudo roh
cucchiaio Löffel
cucina Küche; *(Apparat)* Herd; **~ a gas** Gasherd; **~ elettrica** Elektroherd
cucinare kochen
cucinino Kochnische
cucinotto Kochnische
cucire nähen
cultura Kultur
cumino Kümmel
cuore *(m)* Herz
curva Kurve
cuscino Kopfkissen

D

da *(Richtung)* von, aus *(zeitlich)* seit
danneggiare beschädigen, schaden
danno Schaden, Beschädigung
dannoso schädlich, ungesund
dappertutto überall
dare geben
data Datum, Zeitpunkt; **~ di nascita** Geburtsdatum; **~ di scadenza** Haltbarkeitsdatum
dato che *(am Satzanfang)* da
datteri Datteln
davanti vorn, davor; **~ a** (räumlich) vor
debole schwach
decidere entscheiden, beschließen
decidere entscheiden, beschließen
decollo Abflug
definitivamente endgültig
definitivo endgültig
deluso enttäuscht
denaro Geld
dente *(m)* Zahn
dente del giudizio *(m)* Weisheitszahn
dentifricio Zahncreme, Zahnpasta
dentro drin, innen
deodorante *(m)* Deo(dorant)
depositare hinterlegen
deposito a cassette Schließfach
deposito bagagli Gepäckaufbewahrung
descrivere beschreiben
desiderare wünschen
desinare *(m)* Mittagessen
dessert *(m)* Nachtisch
destinatario, destinataria Adressat(in)
destro rechte(r, -s); **a destra** rechts; nach rechts
destrosio *(m)* Traubenzucker
detersivo Waschmittel; **~ per le stoviglie** Spülmittel
deviazione Umleitung
di *(Herkunft)* von; *(Material)* aus; *(bei Vergleich)* als
diabete *(m)* Diabetes
diabetico, diabetica Diabetiker(in)
diarrea Durchfall

dicembre *(m)* Dezember
dichiarare erklären
dichiarazione doganale *(f)* Zollerklärung
dieta *(f)* Diät
dietro hinten, hinter
difetto Fehler, Mangel
differenza Unterschied
difficile schwer, schwierig
digestione *(f)* Verdauung
digitare eintippen; *(Computer)* eingeben
dimenticare vergessen
dintorni *(mpl)* Umgebung
dipingere malen
dire sagen
diretto *(als Adjektiv)* direkt
direzione *(f)* Richtung; *(Leitung)* Direktion
diritto *(m)* Recht
diritto *(als Adverb)* gerade
disabile in sedia a rotelle *(mf)* Rollstuhlfahrer(in)
disdire absagen
disegnare zeichnen
disgrazia Unglück
disinfettante *(m)* Desinfektionsmittel
disinfettare desinfizieren
disperato verzweifelt
disturbare stören
disturbi circolatori *(mpl)* Kreislaufstörungen
dito Finger; **~ del piede** Zehe
divano letto Schlafcouch
diventare werden
diverso verschieden
diversamente anders, verschieden
divertimento *(Vergnügen)* Unterhaltung, Spaß
dividere teilen; *(entzweien)* trennen; **~ con qualcuno** mit jemandem teilen
doccia Dusche
documenti *(mpl)* Papiere
dogana Zoll
dolce *(m)* Kuchen, Nachtisch
dolce *(als Adjektiv)* süß, mild
dolcificante Süßstoff
dolciumi *(mpl)* Süßigkeiten
dolore alla schiena *(m)* Rückenschmerzen
domanda Frage; Bitte
domandare fragen
domenica (am) Sonntag
domicilio Wohnort
donna Frau
dopo *(als Adverb)* danach, nachher; *(als Präposition)* nach; **~ domani** übermorgen
dormire schlafen
dovere *(m)* Pflicht
dovere *(als Verb)* müssen, sollen, schulden
drogare würzen
dunque also
duomo Dom
durante während
durare dauern, halten
durata Dauer, Haltbarkeit
durevole haltbar
duro fest, hart

e und
eccellente ausgezeichnet
eccetto außer
economico billig
edificio Gebäude
edulcorante *(m)* Süßstoff
elettricista *(mf)* Elektriker(in)
elettrico elektrisch
emblema *(m)* Wahrzeichen
emorragia Blutung; **~ nasale** Nasenbluten
entrare eintreten, hineingehen, hereinkommen; **~ in** betreten
entusiasta (di) begeistert (von)
epilettico Epileptiker(in)
erbette Kräuter
errore *(m)* Irrtum
esaminare untersuchen
esantema *(m)* Ausschlag
esaurito erschöpft
escursione *(f)* Wanderung, Ausflug; **fare un'~** wandern; **~ a terra** Landausflug
esempio Beispiel; **per ~** zum Beispiel

esente da dạzio doganale zollfrei
esercitare üben; *(Beruf)* ausüben
esịgere fordern, verlangen
esitare zögern
esọfago Speiseröhre
esposizione *(f)* Ausstellung
espressamente ausdrücklich
ẹssere sein
est *(m)* Osten; **a ~ di** östlich von
estate *(f)* Sommer
ẹstero Ausland; *(als Adjektiv)* ausländisch
estintore *(m)* Feuerlöscher
Europa Europa
europẹo europäisch
europẹo, europẹa Europäer(in)
evacuazione *(f)* Evakuierung; *(Ausscheidung)* Stuhlgang
evitare vermeiden

F

fạccia Gesicht
fạcile einfach, leicht
fagiọli *(mpl)* dicke Bohnen
fagiolini *(mpl)* grüne Bohnen
famịglia Familie
fanalino posteriore Rücklicht
far benzina tanken
fare machen, tun
fare escursioni wandern
fare il check-in einchecken
farina Mehl
farmacịa Apotheke
faro Leuchtturm; *(Fahrzeug)* Scheinwerfer
fạscia di garza Mullbinde
fasciatọio Wickeltisch
faticoso anstrengend
fatto a mano handgemacht
fattore protettivo *(m)* Lichtschutzfaktor
fattorịa Bauernhof
febbrạio Februar
febbre *(f)* Fieber
fẹgato Leber
felice glücklich, froh
felpa Sweatshirt
femminile weiblich
fẹrie *(fpl)* Urlaub
ferire verletzen
ferita Verletzung, Wunde; **~ da tạglio** Schnittwunde
ferito, ferita Verletzte/r
fermare *(mech)* abstellen, anhalten
fermarsi stehen bleiben, halten
fermata Haltestelle
ferro da stiro Bügeleisen
fetta Scheibe
fiammịfero Streichholz
fiaschetterịa Weinhandlung
fichi Feigen
fidato zuverlässig
fịglia Tochter
fịglio Sohn
filo Faden; *(aus Metall)* Draht
finalmente endlich
fine *(f)* Ende, Schluss; **alla ~** am Ende; zuletzt
fine *(als Adjektiv)* fein, zart
finestra Fenster
finire (be)enden
fino a bis
finọcchio Fenchel
finora bis jetzt
fiocchi d'avena *(mpl)* Haferflocken
fiore *(m)* Blume
firma Unterschrift
firmare unterschreiben
fissare vereinbaren, ausmachen
fiume *(m)* Fluss, Strom
flatulenza Blähungen
föhn *(m)* *(Wind)* Föhn
fonte *(f)* Brunnen, Quelle
fọrbici *(fpl)* Schere; **~ per le ụnghie** Nagelschere
forchetta Gabel
foresta Wald
formạggio Käse; **~ di capra** Ziegenkäse
formare bilden; **~ il numero** (Telefon) wählen
forno Backofen
forse vielleicht
forte kräftig, stark; *(Geruch, Geschmack)* scharf
fortezza Burg, Festung
forza Kraft, Stärke

forzare aufbrechen
foto *(f)* Aufnahme, Foto
fotografare fotografieren
fotografia Fotografie
fra zwischen, unter; **~ una settimana** in einer Woche
fragole Erdbeeren
franco svizzero Schweizer Franken
francobollo Briefmarke
frangetta *(Frisur)* Pony
frase *(f)* Satz
fratello Bruder
freddo kalt; **aver ~** frieren
freno Bremse; **~ a mano** Handbremse
fresco frisch, kühl
frettoloso eilig
frigorifero Kühlschrank
fritto gebacken
frizione *(f)* Haarfestiger; *(Auto)* Kupplung
fronte *(f)* Stirn; **di ~ a** gegenüber
frontiera Grenze, Grenzübergang
frutta *(f)* Obst
fruttivendolo Obst- und Gemüsehändler
fumare rauchen
fumatore, -trice Raucher(in)
funzionare funktionieren
fuori draußen, außen; **~ di** außerhalb
furto Diebstahl

G

gabbiano Möwe
galleria Passage, Tunnel, Galerie; **~ d'arte** Kunstgalerie
gamba Bein
gamberetti Garnelen
garage *(m)* Garage
garanzia Garantie, Sicherheit
garbare mögen, gern haben
gatta Katze
gatto Kater
gel per capelli *(m)* Haargel
gel per la doccia *(m)* Duschgel
gelo Frost
gengiva Zahnfleisch
genitori *(mpl)* Eltern
gennaio Januar
gente *(f)* Leute
gentile liebenswürdig, nett
Germania Deutschland
gettare werfen
ghiaccio Eis
già bereits, schon
giacca Jacke; **~ a vento** Anorak; **~ di lana** Strickjacke; **~ di pelle** Lederjacke
giacere liegen
giallo gelb
giardino Garten; **~ pubblico** Park; **~ botanico** Botanischer Garten
gilè *(m)* Weste
ginocchio Knie
giocattoli *(mpl)* Spielsachen
gioielleria Juwelier(geschäft)
giornalaio Zeitungshändler
giornale *(m)* Zeitung
giorno Tag; **il ~** tagsüber; **~ d'arrivo** Anreisetag; **nei giorni feriali** werktags
giovane jung
giovedì Donnerstag
giro Bummel, Runde, Tour; **~ dell'isola** Inselrundfahrt; **~ turistico della città** Stadtrundfahrt
gita Tour, Ausflug; **~ di un giorno** Tagesausflug; **~ in barca a vela** Segeltörn
giù unten; **in ~** abwärts; bergab
giugno Juni
giusto gerecht, richtig; **essere ~** stimmen; richtig sein
gocce *(fpl)* Tropfen; **~ per gli occhi** Augentropfen; **~ per gli orecchi** Ohrentropfen
godere genießen
gola Schlucht; *(anatomisch)* Kehle, Hals
golf *(m)* Golfspiel; *(Kleidung)* Wolljacke
golfo Bucht
gomma a terra Platten
gomma da masticare Kaugummi

gọnfio geschwollen
gonna Rock
gradino Stufe
grammo Gramm
granchi Krabben
grande groß
grande magazzino *(m)* Kaufhaus
grandezza *(geistig; räumlich)* Größe
granturco Mais
grasso dick, fett; *(mit Fett)* fetthaltig
gratinare überbacken
gratis gratis, kostenlos
gravidanza Schwangerschaft
gridare schreien
grịgio grau
grịglia Grill
grosso dick, stark
grotta Grotte, Höhle
gruppo Gruppe; **~ sanguịgno** Blutgruppe
guạnti Handschuhe
guanto di spugna Waschlappen
guasto Panne, Defekt
guasto *(als Adjektiv)* verfault, verdorben; *(kaputt)* defekt
guida turịstica Fremdenführer(in)
guidare führen; *(Fahrzeug)* Auto fahren
gusto Geschmack

H

hall *(f)* Empfangshalle
herpes *(m)* Herpes

idẹa Idee, Vorstellung, Ahnung
idọneo per carrozzelle rollstuhlgerecht
imballạggio Verpackung
immondịzia Müll
impermeạbile *(m)* Regenmantel
impermeạbile *(als Adjektiv)* wasserdicht
importante wichtig, bedeutend, groß; **poco ~** unwichtig
importo Betrag, Summe
impossịbile unmöglich
in in *(Richtung)* nach; **~ italiano** auf Italienisch; **~ contanti** bar; **~ fretta** schnell; **~ nessun luogo** nirgends; **~ più** zusätzlich; **~ secondo luogo** zweitens
incartare einpacken *(in Papier)*
incidente *(m)* Unfall, Vorfall; **avere un ~** verunglücken
incontrare begegnen, treffen
incrọcio Kreuzung
indicazione *(f)* Bezeichnung, Angabe
indiẹtro zurück; **all'~** rückwärts
indigestione *(f)* Verdauungsstörung
indirizzo Adresse, Anschrift
infarto Herzinfarkt
infastidire belästigen
infermiẹra Krankenschwester
infezione *(f)* Infektion
infiammazione *(f)* Entzündung
influenza Grippe
informare informieren, unterrichten; **~ qualcuno** jemanden verständigen
informarsi sich erkundigen
informazione *(f)* Information; Auskunft
inglese *(mf)* Engländer(in)
inglese *(als Adjektiv)* englisch
ingorgo Stau
ingresso Eingang; *(Theater etc.)* Eintritt
iniziare anfangen, beginnen
inoltre außerdem
insalata Salat; **~ verde** Kopfsalat
insegna Schild
insetto Insekt
insiẹme *(als Adverb)* gemeinsam, zusammen

insulina Insulin
intensità del vento Windstärke
interessante interessant
internazionale international
intero *(als Adjektiv)* ganz
interamente ganz
interruttore *(m)* Lichtschalter
interurbana Ferngespräch
intervallo Pause
intestino Darm
intorno a *(herum)* um
intossicazione da alimenti *(f)* Lebensmittelvergiftung
invalido, invalida Invalide/r; **grande ~** Schwerbehinderte/r
invece di statt, anstatt
inverno Winter
invitare einladen, auffordern
io ich
iogurt *(m)* Joghurt
isola Insel
itinerario Reiseroute, Route; **~ in bici(cletta)** Radtour

J

jeans *(mpl)* Jeans

K

ketchup *(m)* Ket(s)chup
kiwi *(m)* Kiwi

L

là da, dort, dorthin
labbro Lippe
lago der See
lampada Lampe
largo breit; *(Gegenteil von eng)* weit
lassativo Abführmittel
lato Seite
latte *(m)* Milch; **~ magro** fettarme Milch
lattina Getränkedose
lattuga Kopfsalat
lavandino Waschbecken, Spülbecken
lavapavimento Wischmopp
lavare waschen; **~ a secco** chemisch reinigen
lavastoviglie *(f)* Geschirrspülmaschine
lavatoio Waschraum
lavatrice *(f)* Waschmaschine
lavorare arbeiten, bearbeiten
leggere lesen
leggero *(Gewicht)* leicht
legno Holz
lei *(Personalpronomen: Singularform)* sie; **a ~** (betonte Form) ihr; **Lei** Sie
lenticchie *(fpl)* Linsen
lento langsam
lentamente langsam
lettera Brief
letto Bett; **~ a castello** Etagenbett
lì dort, dorthin
libero frei
libreria Buchhandlung
libretto di vaccinazione Impfpass
libro Buch; **~ da colorare** Malbuch; **~ di cucina** Kochbuch; **~ tascabile** Taschenbuch
lieto (di) erfreut (über)
lilla lila
limonata Limonade
limoni *(mpl)* Zitronen
lingua Sprache
linguaggio mimico Zeichensprache
liquido flüssig
lisca Gräte
lista delle vivande Speisekarte
lite *(f)* Streit
litro Liter
locale *(m)* *(Räumlichkeit)* Raum; *(Lokalität)* Lokal, Kneipe
località *(f)* Ortschaft; **~ marittima** Badeort; **~ termale** Thermalbad; Kurort
lontananza Entfernung
lontano entfernt, weit

loro *(Personalpronomen: Pluralform)* sie, ihnen; *(Possessivpronomen: Pluralform)* ihre; **Loro** (Höflichkeitsform: Pluralform) Sie
lozione dopobarba *(f)* Rasierwasser
luce *(f)* Licht; **luci anabbaglianti** Abblendlicht; **luci di arresto** Bremslichter; **luci di posizione** Standlicht
lucido per scarpe Schuhcreme
luglio Juli
lui er; *(betonte Form)* ihn; **a ~** (betonte Form) ihm
luna Mond
lunedì Montag
lunedì scorso letzten Montag
lunghezza Länge
lungo *(als Präposition)* entlang; *(als Adjektiv)* lang; *(Weg)* weit
lussuoso luxuriös

M

ma aber, jedoch, sondern
macchia Fleck(en)
macchina Maschine; *(Fahrzeug)* Auto, Wagen; **~ fotografica** Fotoapparat; **~ fotografica subacquea** Unterwasserkamera
macelleria Metzgerei
madre *(f)* Mutter
maggio Mai
maglietta T-Shirt
maglione *(m)* Pullover
mai nie; *(je)* jemals
mais *(m)* Mais
malato krank
malattia Krankheit; **~ infantile** Kinderkrankheit
male Schmerz, Übel; **mal di denti** Zahnschmerzen; **mal di stomaco** Magenschmerzen; **mal di testa** Kopfschmerzen; **mal di gola** Halsschmerzen
male schlecht; **fare ~** weh tun
malleolo (Fuß-)Knöchel
mancare fehlen, verfehlen
mancia Trinkgeld
mandare schicken, senden
mandarini *(mpl)* Mandarinen
mandorle *(fpl)* Mandeln
mango Mango
maniche Ärmel
manifestazione *(f)* Veranstaltung
manifesto Plakat
mano *(f)* Hand
mappa dei sentieri Wanderkarte
marcia *(Auto)* Gang; *(Musik, Gangart)* Marsch
marcia indietro Rückwärtsgang
mare *(m)* Meer
margarina Margarine
marito Ehemann
marmellata Marmelade
marrone braun
martedì Dienstag
marzo März
mascara *(m)* Wimperntusche
mascella Kiefer
maschile männlich
materasso Matratze
matita colorata Farbstift
mattina Morgen; *(später)* Vormittag
maturo reif
me *(betonte Form)* mich; **a ~** (betonte Form) mir
medicina Heilmittel, Medikament
Mediterraneo Mittelmeer
medusa Qualle
melanzane Auberginen
mele Äpfel
melone *(m)* Melone
mensile monatlich
mensilmente monatlich
mentre *(als Konjunktion)* während
menu *(m)* Speisekarte
meraviglioso wunderbar
mercato Markt; **a buon ~** billig; **~ delle pulci** Flohmarkt
mercoledì Mittwoch
mese *(m)* Monat
mestolo Rührlöffel

mestruazione *(f)* Menstruation
metà Hälfte
meta Ziel
metro Meter; **~ quadrato** Quadratmeter
metropolitana U-Bahn
mettere; **~ in valigia** in einen Koffer einpacken
mettersi anziehen
mezzo *(als Substantiv)* Mittel; **in ~ a** inmitten von
mi mich, mir
micosi *(f)* Pilz(infektion)
miele *(m)* Honig
migliorare verbessern
migliore *(mf)* der/die Bessere
millimetro Millimeter
minestra Suppe
minorenne *(mf)* Jugendliche/r
minuto Minute
misura Maß; *(Kleidung, Schuhe)* Größe; **a ~ di disabile** behindertengerecht
mite mild
mitili *(mpl)* Miesmuscheln
mittente *(m)* Absender
mobile *(m)* Möbel
mobile *(als Adjektiv)* beweglich, mobil
moda Mode
moderno modern
modulo Formular
moglie *(f)* Ehefrau
molletta (per stendere la biancheria) Wäscheklammern
mollette (per capelli) *(fpl)* Haarklammern
molo Mole
molto sehr, viel
monastero Kloster
mondo Welt
moneta Münze, Geldstück
montagna Gebirge
monte *(m)* Berg
monumenti *(mpl)* Sehenswürdigkeiten
monumento Denkmal; **~ commemorativo** Gedenkstätte; **~ sepolcrale** Grabmal
morbido weich
mordere beißen
more Brombeeren
morte *(f)* Tod
mostarda *(f)* Senf
mostra Ausstellung
mostrare zeigen
motivo (Beweg-)Grund, Anlass
moto ondoso Seegang
motore *(m)* Motor
müesli *(m)* Müsli
multa Geldstrafe
multicolore bunt
municipio Rathaus
muro Mauer
muscolo Muskel
museo Museum
musica Musik; **~ classica** Klassik; **~ dal vivo** Livemusik; **~ popolare** Volksmusik
muto stumm

naso Nase
natura Natur; **~ morta** Stillleben
naturale natürlich
naturalmente natürlich
nausea Brechreiz, Übelkeit
navigatore *(m)* Navigationsgerät
nazionalità Staatsangehörigkeit
nebbia Nebel
necessario nötig, notwendig
negozio di calzature Schuhgeschäft
negozio di generi alimentari Lebensmittelgeschäft
negozio di prodotti biodinamici Bioladen
negozio di souvenir Souvenirladen
neonato Baby
nero schwarz
nervo Nerv
nervoso nervös
nessuno keine(r, -s); niemand
neve *(f)* Schnee; **~ farinosa** Pulverschnee

noccioline americane *(fpl)* Erdnüsse
noci *(fpl)* Nüsse; **noce di cocco** Kokosnuss; **noce moscata** Muskatnuss
noi *(Personalpronomen, betont)* uns, wir; **a ~** *(Dativ, betont)* uns
noleggio Miete, Verleih
nome *(m)* Name
non nicht; **~ ancora** noch nicht; **~ ubriaco** (nicht betrunken) nüchtern
nord *(m)* Norden; **a ~ di** nördlich von
normale normal
normalmente normalerweise
notare merken, bemerken; *(aufzeichnen)* notieren
notebook *(m)* Notebook
notizia Nachricht
notte *(f)* Nacht; **la ~** nachts
novembre November
novità Neuheit, Neuigkeit
nudo nackt
numero Zahl, Anzahl; Nummer; **~ civico** Hausnummer; **~ del vagone** Wagennummer; **~ segreto** Geheimzahl; **~ telefonico** Telefonnummer
nuotare schwimmen; **~ sott'acqua** tauchen
nuovo neu; **di ~** wieder
nuvola Wolke
nuvoloso bewölkt

O

o ... o ... entweder ... oder
occhi *(mpl)* Augen
occuparsi di sich kümmern um
occupato beschäftigt; *(Platz)* besetzt
odore *(m)* Geruch
oggetto Gegenstand; **oggetti di valore** Wertsachen
oggi heute
ogni jede(r, -s); **~ giorno** jeden Tag; **~ ora** stündlich; **~ settimana** wöchentlich
ognuno *(Pronomen)* jeder
olio Öl; **~ d'oliva** Olivenöl; **~ per freni** Bremsflüssigkeit; **~ solare** Sonnenöl
olive Oliven
ombra Schatten
ombrello Schirm
opera Werk *(Musik)* Oper; **~ teatrale** Theaterstück
operazione *(f)* Operation
opposto entgegengesetzt
oppure oder
ora Stunde; **un quarto d'~** eine Viertelstunde; **una mezz'~** eine halbe Stunde; **a quest'~** um diese Zeit
ora *(als Adverb)* jetzt, nun
orario Fahrplan; **~ d'apertura (al pubblico)** Öffnungszeit; **~ d'arrivo** Ankunftszeit; **~ di visita** Sprechstunde; Besuchszeit
ordinazione *(f)* Bestellung
orecchini *(mpl)* Ohrringe
orecchio Ohr
oro Gold
orologio da polso Armbanduhr
ospedale *(m)* Krankenhaus
ospite *(mf)* Gastgeber(in); *(zu Besuch)* Gast
osservare beachten, beobachten, bemerken
osso Knochen
ostriche Austern
ottico, ottica Optiker(in)
ottobre Oktober

pacchetto Päckchen
pacco Paket
pacemaker *(m)* Herzschrittmacher
padella Pfanne
padre *(m)* Vater
paesaggio Landschaft
paese *(m)* Land, Staat; *(kleiner Ort)* Dorf
pagamento Zahlung
pagare zahlen, bezahlen; **~ in contanti** bar zahlen

paio Paar
paletta per la spazzatura Kehrschaufel
panchina Sitzbank
pane *(m)* Brot; **~ bianco** Weißbrot; **~ integrale** Vollkornbrot; **~ nero** Schwarzbrot
panificio Bäckerei
panino Brötchen
panna Sahne
panne *(f)* Panne
pannolini *(mpl)* Windeln
pantaloncini *(mpl)* Shorts
pantaloni *(mpl)* Hose; **~ da sci** Skihosen; **~ della tutai** Sporthose; Jogginghose
paprica *(Gewürz)* Paprika
parabrezza *(m)* Windschutzscheibe
paralisi *(f)* Lähmung
paraplegico querschnittsgelähmt
paraurti *(m)* Stoßstange
parcheggio Parkplatz
parco Park; **~ divertimenti** Freizeitpark; Vergnügungspark; **~ nazionale** Nationalpark; Naturschutzgebiet
parete *(f)* Wand
parlare sprechen, reden
parola Wort
parrucca Perücke
parte *(f)* Teil
partecipare (a) teilnehmen (an)
partenza Abfahrt
partire verreisen, abfahren; *(Maschine)* anspringen; **~ da** abreisen von; **~ per** abreisen nach
passaggio Durchgang, Übergang; *(Fahrzeug)* Durchfahrt; **di ~** auf der Durchreise; **~ di confine** Ausreise
passaggio Pass
passaporto Reisepass
passato Vergangenheit
passato *(als Adverb)* vorüber; *(temporal)* vorbei
passeggero Fahrgast
passeggero *(als Adjektiv)* vorübergehend
passeggiare spazieren gehen
passerella Steg
passo Pass
pasta *(f)* Nudeln, Feingebäck, Teig
pasticca Tablette
pasticceria Konditorei
pastiglie per la gola *(fpl)* Halstabletten
pasto Mahlzeit
patate Kartoffeln
patente *(f)* Führerschein; **~ nautica** Bootsführerschein
patria Heimat, Vaterland
paura Angst, Furcht; **aver ~ di** sich fürchten vor
pazienza Geduld
pecorino Schafskäse
pedaggio *(m)* Maut
pedaggio autostradale Autobahngebühren
pedone, pedona *(m)* Fußgänger(in)
pegno Pfand
pelle *(f)* Haut
pena Strafe
pennello da barba Rasierpinsel
pensare meinen; **~ a** denken an; sorgen für
pensione *(f)* Pension; **~ completa** Vollpension
penultimo, penultima vorletzte(r, -s)
pepe *(m)* Pfeffer
peperone *(m)* *(Gemüse)* Paprika
per für, je, pro; *(Mittel)* durch; *(Grund)* wegen; **~ iscritto** schriftlich; **~ me** meinetwegen
perché *(als Adverb)* warum; *(als Konjunktion)* da, weil
perciò daher, deshalb
perdere verlieren; *(Zug, Gelegenheit)* verpassen, versäumen; **~ l'autobus** den Bus verpassen
pere Birnen
pericolo Gefahr
pericoloso gefährlich

periọdico Zeitschrift
perla Perle
permẹttere erlauben, genehmigen, zulassen
pernottamento Übernachtung
pernottare übernachten
persona Person
personale *(m)* Personal
personale *(als Adjektiv)* persönlich
pesante schwer
pesare wiegen
pescare con l'amo angeln
pesce *(m)* Fisch; **~ pẹrsico** Barsch; **~ spada** Schwertfisch
pesche Pfirsiche
pescherịa Fischgeschäft
peso Gewicht
pettinatura Frisur
pẹttine *(m)* Kamm
petto Brust
piacere *(m)* Freude, Vergnügen
piacere gefallen, mögen, gern haben; **~!** *(beim Vorstellen)* angenehm!
piacẹvole angenehm
piạngere weinen
piano *(als Adjektiv)* eben, flach; *(als Adverb)* langsam; *(nicht laut)* leise
piano *(m)* Plan; *(Gebäude)* Stockwerk
pianta Pflanze; **~ della città** Stadtplan
pianterreno Erdgeschoss
piatti *(mpl)* Geschirr
piattino Untertasse
piatto flach, eben
piazza Platz
piạzzola di sosta Rastplatz
piccante scharf
picchetto *(Camping)* Hering
pịccolo klein
piẹde *(m)* Fuß
piẹno voll; **fare il ~** volltanken
pietanza Gericht, Speise
piẹtra Stein
pịllola Tablette; **pịllole anticoncezionali** Antibabypille; **la piọllola del giorno dopo** die Pille danach
pinne Schwimmflossen
pinzetta Pinzette
piọggia Regen
piovoso regnerisch
piselli *(mpl)* Erbsen
più mehr; *(Mathematik)* plus; **~ che** mehr als; **~ di** mehr als; **~ tardi** später
piuttosto *(als Adverb)* lieber, eher
pneumạtico Reifen; **pneumạtici da neve** Winterreifen
poco wenig; **un po'** etwas; ein wenig
poi dann, danach, nachher
poiché denn
polizịa Polizei
pollo Hähnchen
polmone *(m)* Lunge
polmonite *(f)* Lungenentzündung
polso Puls
pọlvere *(f)* Staub, Pulver
pomata Salbe; **~ per le bruciature** Brandsalbe
pomerịggio Nachmittag
pomodori *(mpl)* Tomaten
pompa d'ạria Luftpumpe
ponte *(m)* Brücke
pontile *(m)* Steg
popone *(m)* Melone
porcellana Porzellan
porro Lauch
porta Tür
portacẹnere *(m)* Aschenbecher
portamonete *(m)* Geldbeutel
portar via (weg)bringen
portare bringen, tragen; **~ gli occhiali** eine Brille tragen; **~ con sé** mitbringen
portarsi dietro mitnehmen
portata *(Speisen)* Gang; Gericht
porto Hafen
porzione *(f)* Portion
posacẹnere *(m)* Aschenbecher
posate Besteck
possịbile möglich
postẹggio di taxi Taxistand
postẹggio per handicappati Behindertenparkplatz

posto Ort, Stelle, Raum; *(zum Sitzen)* Sitzplatz; **~ al finestrino** Fensterplatz
potere können; *(Erlaubnis)* dürfen
pranzo Mittagessen
praticare il surfing surfen
pratico praktisch
prato Rasen, Wiese; **~ per sdraiarsi** Liegewiese
precedenza Vorfahrt
preciso genau
preferire lieber haben, vorziehen
prefisso Vorwahlnummer
premio Preis, Prämie, Belohnung
prendere nehmen, holen; *(Verkehrsmittel)* benutzen; **andare a ~** abholen
prenotare buchen, vorbestellen
prenotazione *(f)* Reservierung, Buchung
preparare vorbereiten; *(Mahlzeit)* zubereiten
presa Steckdose; **~ di corrente** Stromanschluss
prescrivere vorschreiben; anordnen
presentare vorzeigen; **~ (qualcuno a qualcuno)** (jemanden mit jemandem) bekannt machen
preservativo Präservativ, Kondom
presto *(als Adverb)* schnell, bald, früh; **al più ~ possibile** so bald wie möglich
previsioni metereologiche *(fpl)* Wettervorhersage
prezzo *(Geld)* Preis; **~ del biglietto d'ingresso** Eintrittspreis; **~ del biglietto** Fahrpreis; **~ forfettario** Pauschalpreis; **~ forfettario per la corrente** Strompauschale; **~ per chilometro** Kilometerpreis
prima früher, vorher, zuvor, erst, zuerst; **~ di** bevor; vor
prima, primo erste(r, -s)
prima colazione Frühstück
primavera *(f)* Frühling
principale hauptsächlich
principalmente hauptsächlich
principale *(mf)* Chef(in)
privato privat
privo di sensi bewusstlos
probabile wahrscheinlich
probabilmente wahrscheinlich
problema *(m)* Problem, Frage
procurare beschaffen, besorgen
prodotti per pulire Putzmittel
prodotto Erzeugnis, Produkt
profilattico Kondom
profondo tief
profumeria Parfümerie
profumo Parfüm
progetto Entwurf, Plan
proibire verbieten
pronto bereit, fertig; *(am Telefon)* hallo; **~ soccorso** Erste Hilfe
pronunciare aussprechen
proprietario, proprietaria Eigentümer(in), Besitzer(in)
proprio eigen; **~ ora** *(zeitlich)* eben
prospetto Prospekt
prossimo nächste
proteggi-slip *(mpl)* Slipeinlagen
protesi *(f)* Prothese
protezione solare *(f)* Sonnenschutz
provenire (da) stammen (aus)
provvista Vorrat
prugne Pflaumen
pub *(m)* Kneipe
pubblico *(als Adjektiv)* öffentlich
pubblico *(als Substantiv)* Publikum
pulire putzen, reinigen; **~ a secco** chemisch reinigen
pulito sauber, rein
pulizia finale Endreinigung
pullover *(m)* Pullover
pungere stechen
punto Punkt; **~ culminante** Höhepunkt

puntuale pünktlich
puntualmente pünktlich
pure auch, sogar
purtroppo leider
pus *(m)* Eiter
puzzare stinken

Q

qualcosa etwas
qualcuno jemand
qualità Eigenschaft, Qualität
quando *(als Adverb)* wann; *(als Konjunktion)* dann, wenn ..., als
quartiere *(m)* Stadtteil
quasi ungefähr
quello jener
questo dieser, das
qui hier, hierher

R

rabbia Wut
raccomandare empfehlen
raccontare erzählen
radio *(f)* Radio
radiografare röntgen
raffreddore *(m)* Erkältung, Schnupfen; **~ da fieno** Heuschnupfen
ragazza Mädchen
ragazzo Junge
raggiungere erreichen
rampa Auffahrtrampe, Rampe
rapidamente schnell, rasch
rapido schnell, rasch
rapporto Bericht; *(Verbindung)* Beziehung
raramente selten
raro selten, rar
rasoio (mechanischer) Rasierapparat
reale wirklich
recapitare zustellen
recentemente kürzlich
reception *(f)* Rezeption
reclamare reklamieren; **~ per** sich beschweren über
reclamo Reklamation, Beschwerde
regalare schenken
regalino Mitbringsel
reggiseno Büstenhalter
regime *(m)* Diät
regione *(f)* Region, Gebiet
regolamento Vorschrift
regolare regeln
regolarmente regelmäßig
relazione *(f)* Verbindung
render possibile ermöglichen
rene *(m)* Niere
reparto Station
repellente *(m)* Mückenschutz
respirare atmen
responsabile verantwortlich
restare übrigbleiben
restituire zurückgeben, zurückbringen
reumatismi *(mpl)* Rheuma
ricci *(mpl)* Locken
ricetta Rezept
ricevere bekommen, erhalten
ricevuta Empfangsbestätigung, Quittung
ridare wiedergeben, zurückgeben
ridere lachen
riduzione *(f)* Ermäßigung; **~ per bambini** Kinderermäßigung
rifiutarsi sich weigern
rimandare *(zeitlich)* verschieben; *(retour)* zurückschicken
rimanere bleiben, übrig bleiben
rimessa Überweisung; *(Fahrzeug)* Garage
rimorchiare abschleppen
rinfresco Erfrischung
riparare reparieren
ripetere wiederholen
ripido steil
riposarsi sich ausruhen, sich erholen
riposo Ruhe, Erholung
risarcire *(Schaden)* ersetzen
riscaldamento Heizung; **~ centrale** Zentralheizung
riservare reservieren
riso Reis

rispondere antworten, beantworten
ristorante *(m)* Restaurant
ritardare sich verspäten
ritardo Verspätung
ritornare zurückkehren
rivista Illustrierte
roccia Fels
romanzo Roman
rosa rosa
rosmarino Rosmarin
rossetto Lippenstift
rosso rot
rotocalco Illustrierte
rotondo rund
rotto kaputt
roulotte *(f)* Wohnwagen
rovina Ruine
rubare stehlen
rubinetto Wasserhahn
rumore *(m)* Geräusch; *(laut)* Lärm
ruota Rad; **~ di scorta** Ersatzrad
russare schnarchen

S

sabato Samstag
sacchetto Tüte; **~ di plastica** Plastikbeutel
sacco delle immondizie Abfallbeutel
salame *(m)* Salami
saldo fest
sale *(m)* Salz
salire einsteigen
salmonellosi *(f)* Salmonellenvergiftung
salsa Soße
salsicce Würste
salutare grüßen, begrüßen
salvagente *(m)* Rettungsring, Schwimmring
salvare retten
salvia Salbei
sandali *(mpl)* Sandalen
sangue *(m)* Blut
sanguinare bluten
sano gesund
sapere *(m)* Wissen
sapere *(als Verb)* wissen; *(gelernt haben)* können; **~ di** riechen nach; schmecken nach
sapone *(m)* Seife
sassoso steinig
sazio satt
sbagliato falsch
scala Leiter, Treppe
scalo Zwischenlandung
scambiare austauschen, vertauschen, verwechseln
scappamento Auspuff
scarpa Schuh; **~ da trekking** Trekkingschuh; Wanderschuh; **~ mare** Badeschuh; **~ piscine** Badeschuh
scarpe da ginnastica *(fpl)* Turnschuhe
scassinare aufbrechen
scatola Büchse, Dose; *(aus Karton)* Schachtel
scegliere wählen, aussuchen
scelta Auswahl, Wahl
scendere aussteigen
scheda di memoria Speicherkarte
scherzo Scherz, Spaß
schiena Rücken
sci *(m)* Ski; **~ nautici** Wasserski
sciacquone *(m)* Wasserspülung
scialle *(m)* Schal
scialuppa di salvataggio Rettungsboot
sciare Ski laufen
sciarpa Schal
sciatica Ischias
scippatore, -trice *(m)* Taschendieb(in)
scompartimento Abteil
sconto Rabatt
scontro Zusammenstoß
scopo Ziel, Zweck
scorciatoia *(Weg)* Abkürzung
scrivere schreiben
scrosci di pioggia *(mpl)* Regenschauer
scuola Schule; **~ di equitazione** Reitschule
scuro dunkel
scusa Entschuldigung

se wenn, falls; *(indirekte Frage)* ob
secco trocken
secondo Sekunde
secondo *(als Adverb)* zweitens
secondo, secunda zweite(r, -s)
sedano Sellerie
sede *(f)* Sitz *(einer Firma)*
sedere sitzen
sedersi sich setzen
sedia Stuhl; **~ a rotelle** Rollstuhl
seggiolino auto Kinderautositz; **~ per bebe** *(fürs Auto)* Babyschale; **~ per la bicicletta** (fürs Fahrrad) Kindersitz
segnale *(m)* Signal; *(Verkehr)* Straßenschild
segnavia *(m)* Wegweiser
segno Zeichen
segreteria telefonica Anrufbeantworter
seguire folgen, befolgen
self-service *(m)* Selbstbedienung
semaforo Ampel
semplice einfach
sempre immer, stets
senape *(f)* Senf
sentiero Weg, Pfad; **~ per escursioni** Wanderweg
sentire fühlen; *(Ohren)* hören; *(Nase)* riechen
senza ohne; **~ barriere architettoniche** barrierefrei; **~ impegno** unverbindlich; **~ riguardo** rücksichtslos
separare trennen
seppia Tintenfisch
sera Abend; **la ~** abends
serbatoio Tank
serio ernst
serratura Schloss, Verschluss
servire dienen, bedienen, servieren
servizio Dienst; *(Laden)* Bedienung; **~ di trasporto** Fahrdienst; **~ pulman** Transferbus
sesso Sex; *(Biologie)* Geschlecht
settembre September
setticemia Blutvergiftung
settimana Woche; **durante la ~** wochentags; **~ supplementare** Verlängerungswoche
settimanale wöchentlich
sfacciato unverschämt
sfortuna Unglück
sgombro Makrele
sgridare schelten
shampoo *(m)* Shampoo
shorts *(mpl)* Shorts
si man; *(als Reflexivpronomen)* sich
sì ja, doch
sicurezza Sicherheit
sicuro *(als Adjektiv)* sicher
sieropositivo HIV-positiv
sigaretta Zigarette
sigaretto Zigarillo
sigaro Zigarre
signora Dame; *(vor Namen)* Frau
signore *(m)* Herr
silenzio Schweigen, Stille, Ruhe
silenzioso still; *(wortlos)* schweigend
sillabare buchstabieren
simile ähnlich
simpatico nett, sympathisch
sinistro, sinistra linke(r, -s); **a sinistra** links; nach links
siringa *(Gerät)* Spritze
sistema d'allarme *(m)* Alarmanlage
situazione *(f)* Lage Zustand
slip *(m)* Slip
slitta Schlitten
smalto Nagellack
smarrirsi sich verirren
smartphone Smartphone
smettere aufhören
snello dünn, schlank
snorkel *(m)* Schnorchel
sobborgo Vorort, Vorstadt
soccorso stradale Pannendienst
soddisfatto befriedigt; zufrieden
soggetto a dazio doganale zollpflichtig

soggiorno Aufenthalt; *(Raum)* Wohnzimmer
sogliola Seezunge
sogno Traum
sole *(m)* Sonne
soleggiato sonnig
solito üblich, gewohnt; **di ~** normalerweise
solo nur, erst; *(als Adjektiv)* allein
soltanto nur, erst
somma Betrag, Summe
sonniferi *(mpl)* Schlaftabletten
sopra auf, über, oben
sordastro hörgeschädigt
sordo gehörlos, taub
sordomuto taubstumm
sorella Schwester
sorgente *(f)* Quelle
sorpassare überholen
sorpreso überrascht
sostituire ersetzen
sottile dünn, fein
sotto unter, unterhalb, unten
sottopassaggio Unterführung
spago Bindfaden
spalla Schulter
sparire verschwinden
spazzatura Abfall
spazzola Bürste; **~ da scarpe** Schuhbürste; **~ per le stoviglie** Spülbürste
spazzolino da denti Zahnbürste
specchietto retrovisore Rückspiegel
specchio Spiegel
specialità Spezialität
spedizione bagagli *(f)* Gepäckabfertigung
spegnere ausschalten; *(Feuer)* löschen
sperare hoffen
spese *(fpl)* Kosten, Ausgaben, Spesen, Unkosten; **~ accessorie** Nebenkosten
spesso *(als Adjektiv)* dick, stark; *(als Adverb)* oft, häufig
spettacolo Aufführung, Vorstellung
spezie *(fpl)* Gewürz
spiacevole unangenehm, unerfreulich
spiaggia Strand; **~ per nudisti** FKK-Strand
spiccioli *(mpl)* Kleingeld
spilla Brosche
spillo di sicurezza Sicherheitsnadel
spina Stecker; *(Fisch)* Gräte; **~ di adattamento** Zwischenstecker; **~ dorsale** Wirbelsäule
spinaci *(mpl)* Spinat
sponda Ufer
sporcizia Schmutz
sporco schmutzig
sport *(m)* Sport
sportello accettazione bagagli Gepäckschalter
sportello automatico Geldautomat
sportello biglietti Fahrkartenschalter
spuntino Imbiss
squisito lecker
stanco müde
stanza Zimmer, Raum; **~ della televisione** Fernsehraum
stare in piedi stehen
statura (Körper-)Größe
stazione *(f)* Bahnhof; **~ a monte** Bergstation; **~ a valle** Talstation; **~ centrale** Hauptbahnhof; **~ degli autobus** Busbahnhof; **~ di servizio** Raststätte
stella Stern
stendibiancheria *(m)* Wäscheständer
stesso selbst; **lo ~** dasselbe; derselbe; **fa lo ~** es macht nichts
stitichezza Verstopfung
stivali *(mpl)* Stiefel; **~ di gomma** Gummistiefel
stoffa Stoff
stomaco Magen
stoviglie *(fpl)* Geschirr
strada Straße, Landstraße, Weg; **per la ~** unterwegs; **~ principale** Hauptstraße; **~ provinciale** Landstraße; **~ secondaria** Nebenstraße

straniẹro, straniẹra Ausländer(in)
straniẹro *(als Adjektiv)* ausländisch, fremd
strappare zerreißen
stretto eng, schmal
stringa per scarpe Schnürsenkel
studiare studieren
stupro Vergewaltigung
stuzzicadenti *(m)* Zahnstocher
su auf, über, oben; **in ~** hinauf; **sul Tevere** am Tiber
sù oben
sụbito sofort, gleich
succhiẹtto Schnuller, Sauger
succo d'arạncia Orangensaft
succoso saftig
sud *(m)* Süden; **a ~ di** südlich von
sudare schwitzen
sufficiẹnte genug
suggerimento Tipp
suo *(Possessivpronomen: männlich)* sein; *(weiblich)* ihr
suọla Sohle
suonare läuten, klingeln
supermercato Supermarkt
superstrada Schnellstraße
supplementare zusätzlich
supplemento Zuschlag
supposta Zäpfchen
svegliare wecken
svegliarsi aufwachen
svẹglio wach
svẹndita Ausverkauf
svenimento Ohnmacht
Svizzera Schweiz
svịzzero, svịzzera Schweizer(in)

T

tabaccạio Tabakladen
tabacco Tabak
tacere schweigen
tachịmetro Tachometer
tagliare schneiden; **~ le punte** Spitzen schneiden
tamponi *(mpl)* Tampons
tardare zögern, sich verspäten
tardi spät
targa Schild; **~ di nazionalità** Nationalitätskennzeichen
tariffe doganali *(fpl)* Zollgebühren
tasse *(fpl)* Gebühren
tassista *(mf)* Taxifahrer(in)
tạvolo Tisch
tazza Tasse
te *(betonte Form)* dich; **a ~** dir
tè *(m)* Tee
teạtro Theater
tedesco deutsch
tedesco, tedesca Deutsche/r
telefonare telefonieren, anrufen
telefonata Anruf; **~ urbana** Ortsgespräch
telẹfono Telefon; **~ d'emergenza** Notrufsäule; **~ in cạmera** Zimmertelefon; **~ mọbile** Mobiltelefon
televisore *(m)* Fernseher
temere fürchten, befürchten
temperatura Temperatur
temperino Taschenmesser
tempo Zeit; *(meteorologisch)* Wetter; **in ~** rechtzeitig
tenda Zelt
tenere halten, behalten; **~ a mente qualcosa** sich etwas merken
tentare versuchen
tergicristallo Scheibenwischer
tẹrmine *(m)* Termin; *(Schluss)* Ende
terra Land; *(Planet, Boden)* Erde
terrazza Terrasse
terreno Gelände, Boden, Grundstück; **~ di gioco** Fußballplatz
terrịbile schrecklich
terrina Schüssel
tesserino di riconoscimento per portatori di hạndicap Behindertenausweis
tesserino magnẹtico Chipkarte
testa Kopf
ti dir, dich
tịmido schüchtern

timo Thymian
tirare ziehen, reißen
toast *(m)* Toast
toilette *(f)* Toiletten; **~ per handi- cappati** Behindertentoilette
tonno Thunfisch
tonsille *(fpl)* Mandeln
tonsillite *(f)* Mandelentzündung
tornare indiẹtro zurückgehen, fahren, umkehren
torre *(f)* Turm
torta Kuchen
tosse *(f)* Husten
tostapane *(m)* Toaster
tovagliọlo Serviette
tra zwischen, unter
tradurre übersetzen
trạffico Verkehr
traghetto Fähre
trainare abschleppen
tram *(m)* Straßenbahn
tranne außer
tranquillizzarsi sich beruhigen
tranquillo ruhig
trasferimento Überweisung
trattenersi sich aufhalten
tratto Strecke
treno Zug; **~ locale** Nahverkehrszug; **~ traghetto** Autoreisezug
triạngolo Warndreieck
tribunale *(m)* *(Justiz)* Gericht
triste traurig
troppo zu sehr, zu viel; *(mit Adjektiv)* zu ...
trovare finden; **trovarsi** sich befinden
tu du
tụnnel *(m)* Tunnel
turchese türkis
tuttavịa trotzdem
tutto ganz, vollständig, all, alles; **tutte/tutti** alle

U

uccello Vogel
udito Gehör
uguale gleich
ụltimo letzte(r, -s)
ụmido feucht
uọmo Mensch, Mann
uọva Eier
urgente dringend
urina Urin
usare gebrauchen, benutzen, verwenden, anwenden
uscire hinausgehen, ausgehen
uscita Ausgang; *(Fahrzeug)* Ausfahrt; **~ d'emergenza** Notausgang

V

vacanze *(fpl)* Ferien
vaccinazione *(f)* Impfung
vagone bagạgli *(m)* Gepäckwagen
vagone ristorante *(m)* Speisewagen
vạlido gültig; **essere ~** gelten
valịgia Koffer
valle *(f)* Tal
valuta Währung
vạlvola di sicurezza *(Elektrizität)* Sicherung
variạbile wechselhaft
varicella Windpocken
vasca da bagno Badewanne
vaso Vase
vẹcchio alt
vedere sehen
vẹdovo, vẹdova verwitwet
vegetariano vegetarisch
velenoso giftig
veloce schnell
velocemente schnell
velocità Geschwindigkeit, Schnelligkeit
vẹndere verkaufen
venerdì Freitag
venire kommen; **~ a sapere** erfahren
ventilatore *(m)* Ventilator
vento Wind
ventre *(m)* Bauch
veramente eigentlich
verde grün
verdura Gemüse

vero wahr, wirklich, echt
verso *(in Richtung auf, zeitlich)* gegen; *(zeitlich)* um; **~ mezzogiorno** gegen Mittag
vertigini *(fpl)* Schwindel
vescica Blase
vespa Wespe
vestito Kleid
vetrina Schaufenster
vi euch, Ihnen, Sie
via *(f)* Straße, Weg
via *(als Adverb)* fort, weg
viaggiatore, viaggiatrice Reisende/r
viaggio Reise, Fahrt; **~ di ritorno** Rückfahrt
vicino, vicina Nachbar(in)
vicino *(als Adjektiv, Adverb)* nahe, dicht dabei, neben
videoleso sehbehindert
vietato verboten
vigile, vigilessa (Verkehrs-) Polizist(in)
vigili del fuoco *(mpl)* Feuerwehr
villaggio Dorf; **~ di montagna** Bergdorf; **~ di pescatori** Fischerort
vincere gewinnen
vino Wein; **~ bianco** Weißwein; **~ rosso** Rotwein
virus *(m)* Virus
visitare besichtigen; sich umsehen; *(Arzt)* untersuchen
vista Sicht, Ausblick, Aussicht
visto Visum
vita Leben
vite *(f)* Schraube
vitto Verpflegung
vivere leben
voce *(f)* Stimme
voi *(Personalpronomen: 2. Pers. Plural)* ihr; *(Akkusativ, betonte Form)* euch; *(Höflichkeitsform)* Sie; **a ~** *(Dativ, betont)* euch; Ihnen
volare fliegen
volentieri gern
volere wollen
volo Flug; **~ a vela** Segelfliegen; **~ internazionale** Auslandsflug; **~ nazionale** Inlandsflug
voltaggio Stromspannung
vostro euer
vulcano Vulkan
vuoto leer

wurstel *(mpl)* Würstchen

zafferano Safran
zaino Rucksack
zanzara Mücke
zecca *(f)* Zecke
zona Gegend, Region; **~ di protezione degli uccelli** Vogelschutzgebiet; **~ pedonale** Fußgängerzone
zoo *(m)* Zoo
zucca Kürbis
zucchero Zucker
zucchini *(mpl)* Zucchini

WÖRTERBUCH DEUTSCH - ITALIENISCH

A

Aal anguilla
ab da
Abend sera
Abendessen cena
abends la sera
aber ma
abfahren (von) partire (da)
Abfahrt partenza
Abfall spazzatura
Abfallbeutel sacco delle immondịzie
Abfalleimer pattumiera
Abflug decollo
Abführmittel lassativo
abgelaufen scaduto/a
abholen andare a prẹndere
Abkürzung abbreviazione *(f)*; *(Weg)* scorciatọia
abreisen (nach) partire (per)
Abschleppdienst autosoccorso
abschleppen rimorchiare, trainare
Abschleppseil cavo da rimọrchio
Abschleppwagen carro attrezzi
Absender mittente *(m)*
Abtei abbazịa
Abteil scompartimento
ab und zu di tanto in tanto
Achtung attenzione *(f)*
Adapter adattatore *(m)*
Adresse indirizzo
Adria Adriạtico
ähnlich sịmile
Akku accumulatore *(m)*
Alarmanlage sistema *(m)* d'allarme
alkoholfrei analcọlico; **~es Bier** birra analcọlica
alle tutti, tutte
allein solo
Allergie allergịa
Allergiker(in) allẹrgico
alles tutto
als *(zeitlich)* quando; *(Vergleich)* di, che
also dụnque, allora
alt vẹcchio; *(aus früheren Zeiten)* antico
Altstadt centro stọrico
Alufolie carta argentata
Ampel semạforo
am Sonntag domẹnica
am Wochenende il fine settimana
anfangen cominciare, iniziare
Angabe indicazione *(f)*
Ananas ananas *(m)*
andere; **der ~** l'altro
anders *(als Adjektiv)* diverso; *(als Adverb)* diversamente
anderswo altrove
angeln pescare con l'amo
angenehm piacẹvole
Angina angina
Angst paụra
anhalten fermarsi, fermare
Ankunft arrivo
Ankunftszeit orạrio d'arrivo
anlegen in attraccare a
Anlegestelle l'attracco
anmelden annunciạre
Anmeldung accettazione *(f)*
Anorak giạcca a vento
Anreisetag giọrno d'arrivo
Anruf telefonata
Anrufbeantworter segreterịa telefọnica
anrufen telefonare
Anschluss coincidenza
Ansichtskarte cartolina illustrata
anstatt invece di
ansteckend contagiọso
anstrengend faticoso
Antibiotikum antibiọtico
antworten rispọndere
Anzahlung caparra *(f)*
anziehen mẹttersi
Anzug ạbito
Apartment appartamento
Äpfel mele
Apfelsaft succo di mele
Apfelsinen arance
Apotheke farmacịa
Aprikosen albicocche

April aprile
arbeiten lavorare
ärgern; sich ~ über jemanden arrabbiarsi con qualcuno
sich ~ über etwas arrabbiarsi per qualcosa
Armband braccialetto
Armbanduhr orolọgio da polso
Ärmel mạniche
Aschenbecher portacẹnere *(m)*, posacẹnere *(m)*
Artischocken carciọfi *(mpl)*
Asthma asma *(m/f)*
Atembeschwerden difficoltà respiratọrie
atmen respirare
Auberginen melanzane
auch anche; *(nachgestellt)* pure; **~ nicht** neppure
auf su, sopra; *(offen)* aperto; **~ Italienisch** in italiano
aufbrechen forzare, scassinare
Aufenthalt soggiọrno
Aufenthaltsraum soggiọrno *(m)*
Auffahrtrampe rampa
auffordern invitare
aufhalten; sich ~ trattenersi
aufhören smẹttere
aufpassen (auf) stare attento (a)
aufschreiben *(Medikament)* prescrịvere
aufstehen alzarsi
aufwachen svegliarsi
aufwärts in su
Aufzug ascensore *(m)*
Augen occhi *(mpl)*
Augentropfen gocce *(fpl)* per gli occhi, collịrio
August agosto
aus *(Herkunft)* da, di; *(Material)* di
ausdrücklich espressamente
Ausfahrt uscita
Ausflug gita, escursione *(f)*
ausfüllen compilare
Ausgang uscita
ausgehen uscire
ausgezeichnet eccellente
Auskunft informazione *(f)*
Ausland ẹstero
Ausländer(in) straniẹro, -a
ausländisch ẹstero, straniẹro
Auslandsflug volo internazionale
Auslandsgespräch comunicazione *(f)* internazionale
ausmachen *(löschen)* spẹgnere; *(vereinbaren)* fissare
Auspuff scappamento, marmitta
Ausreise uscita da un paese
ausruhen; sich ~ riposarsi
Ausschlag eruzione *(f)* cutạnea, esantema *(m)*
außen fuọri
außer eccetto; tranne
außerdem inoltre
außerhalb fuori da
Aussicht vista
Aussichtspunkt belvedere *(m)*
aussprechen pronunciạre
aussteigen scẹndere
Ausstellung mostra, esposizione *(f)*
Austern ọstriche
Ausverkauf svẹndita
Auswahl scelta
auszahlen pagare
Auto ạuto *(f)*; mạcchina; **~ fahren** guidare
Autobahn autostrada
Autobahngebühren pedạggio autostradale
Autofähre autotraghetto
Automatik(getriebe) cạmbio automạtico
Autoreisezug treno traghetto
Avocado avocado *(m)*

B

Baby neonato
Backenzahn molare *(m)*
Babysitter baby-sitter *(mf)*
Bäckerei panifịcio
Backofen forno
Badeanzug costume *(m)* da bagno da donna
Badehose costume *(m)* da bagno da uomo

Bademantel accappatọio

Badeort località marịttima

Badeschuhe scarpei *(fpl)* piscina; scarpei *(fpl)* mare

Badewanne vasca da bagno

Badezimmer bagno

Bahnhof stazione *(f)*

bald presto

Balkon balcone *(m)*

Banane banana

Bank *(Geldinstitut)* banca; *(Sitzbank)* panchina

Bankkarte carta bạncomat

Bar night *(m)*

bar in contanti; **~ zahlen** pagare in contanti

Bargeld contanti *(mpl)*

barrierefrei senza barriere architettọniche

Barsch pesce *(m)* pẹrsico

Bart barba

Basilikum basịlico

Batterie batteria

Bauch ventre *(m)*

Bauernhof fattorịa

Baum ạlbero

Baustelle cantiere ẹdile

Bauwerk edifịcio, costruzione *(f)*

beachten fare attenzione a; *(befolgen)* osservare

Beanstandung reclamo

beantworten rispọndere

Bearbeitungsgebühr tassa di cancellerịa

bedauern ẹssere spiacente di

Bedienung servịzio

beeilen; **sich ~** affrettarsi

beenden finire

befinden; **sich ~** trovarsi

befürchten temere

begegnen incontrare

begeistert (von/über) entusiasta (di)

begleiten accompagnare

Begleitperson accompagnatore, -trice

begrüßen salutare

behalten tenere

behaupten affermare

Behindertenausweis tesserino di riconoscimento per portatori di hạndicap

behindertengerecht *(Gebäude)* a misura di disabile; *(Verkehrsmittel)* accessibile agli handiccapati

Behindertenparkplatz postẹggio per handicappati

Behindertentoilette bagno *(m)* per handicappati; toilette *(f)* per handicappati

beige bẹige

Bein gamba

Beispiel esẹmpio; **zum ~** per esẹmpio

beißen mọrdere

Bekannte/r conoscente *(mf)*

bekommen ricẹvere

belästigen infastidire

belegte Brötchen panini imbottiti

bemerken notare

benachrichtigen avvertire

benötigen aver bisogno di

benutzen usare

Benzinkanister tạnica di riserva

beobachten osservare

bequem cọmodo

bereit pronto

bereits già

Berg monte *(m)*

Bergsteigen alpinismo

beruhigen; **sich ~** tranquillizzarsi

Beruhigungsmittel calmante *(m)*

beschädigen danneggiạre

bescheinigen certificare

beschließen decịdere

beschreiben descrịvere

beschweren; **sich bei jemandem ~ über** lamentarsi con qualcuno di qualcosa

besetzt *(Platz)* occupato

besichtigen visitare

Besitzer(in) proprietạrio, -a

besonders particolarmente

besorgen procurare

besser mẹglio

bestätigen confermare

beste(r, -s) migliore *(mf)*

Besteck posate

Bestellung ordinazione *(f)*

bestimmt *(als Adjektiv)* certo; *(als Adverb)* certamente
Betrag importo, somma
betreten entrare (in)
Bett letto
Bettdecke coperta
Bettwäsche biancheria da letto
bevor prima di
bewölkt nuvoloso
bewusstlos privo di sensi
bezahlen pagare
Biene ape *(f)*
Bier birra
Bikini bikịni *(m)*
billig econọmico, a buon mercato
Bindehautentzündung congiuntivite *(f)*
Bindfaden spago
Bioladen negọzio di prodotti biodinạmici
Birnen pere
bis fino a; **~ jetzt** finora
bisschen; **ein ~** un po' (di)
bitten; **jemanden um etwas ~** chiẹdere qualcosa a qualcuno
bitter amaro
Blähungen flatulenza
Blase vescica
blau blu
bleiben rimanere
Bleistift lapis *(m)*
Blinddarmentzündung appendicite *(f)*
Blinklicht lampeggiatore *(m)* frẹccia *(f)*
Blume fiore *(m)*
Blumenkohl cavolfiore *(m)*
Bluse camicetta
Blut sạngue *(m)*
Blutdruck (hoher/niedriger) pressione sanguigna (alta/bassa)
bluten sanguinare
Blutgruppe gruppo sanguịgno
Blutung emorragịa
Blutvergiftung setticemịa
Bohnen fagiọli *(mpl)*
Bonbons caramelle *(fpl)*
Bordkarte carta d'imbarco
Botanischer Garten giardino botạnico
Botschaft *(diplomatische Vertretung)* ambasciạta
brauchen avẹr bisogno di
braun marrone; *(gebräunt)* abbronzato
Brechreiz nạusea
breit largo
Bremse freno
Bremslichter luci *(fpl)* di arresto
brennen bruciare
Brief lẹttera
Briefkasten cassetta postale
Briefmarke francobollo
Briefumschlag busta
bringen *(herbringen)* portare; *(wegbringen)* portar via
Brombeeren more
Bronchien bronchi *(mpl)*
Bronchitis bronchite *(f)*
Brosche spilla
Brot pane *(m)*
Brötchen panino
Brücke ponte
Bruder fratello
Brust petto
Buch libro
buchen *(Platz)* prenotare
Buchhandlung librerịa
buchstabieren sillabare
Bucht golfo
Buchung prenotazione *(f)*
Bügeleisen ferro da stiro
bunt a colori, multicolore
Burg fortezza
Bürste spạzzola
Bus ạutobus *(m)*
Busbahnhof stazione *(f)* degli ạutobus
Bußgeld ammenda
Büstenhalter reggiseno
Butter burro
Bypass bypass *(m)*

Café caffè *(m)*
Camping camping *(m)* campẹggio
Campingplatz campẹggio

Cent centẹsimo
Chili peperoncino
Chicorée insalata belga
Chipkarte tesserino magnẹtico
Cornflakes cornflakes
Creme crema

D

da *(dort)* là; *(Grund)* perché; *(am Satzanfang)* dato che; **~ sein** (anwesend) ẹsserci
daheim a casa
damals allora
Damen signore
Damenbinden assorbenti *(mpl)*
danach poi, dopo
danken; **(jemandem) ~** ringraziare (qualcuno)
dann poi
Darm intestino
dass che
dasselbe stesso
Datteln dạtteri *(mpl)*
Datum data
Dauer durata
dein (il) tuo
denken an pensare a
Denkmal monumento
denn poiché
Deo(dorant) deodorante *(m)*
deshalb perciò
Desinfektionsmittel disinfettante *(m)*
desinfizieren disinfettare
deutsch tedesco
Deutsche/r tedesco, -a
Deutschland Germạnia *(f)*
Dezember dicembre
Diabetes diabete *(m)*
Diabetiker(in) diabẹtico, -a
Diät regime *(m)* diẹta *(f)*
dich ti, te
dick grosso; *(fett)* grasso
Diebstahl furto
Dienstag martedì
diese(r, -s) questo, -a
diese Woche questa settimana
Digitalkamera fotocạmera digitale
Dill aneto
dir ti, a te
direkt *(als Adjektiv)* diretto
doch certo, sì
Dom duọmo
Donnerstag giovedì
Dorf villạggio, paese *(m)*
dort là, lì
Dose scạtola, lattina
Dosenöffner apriscạtole *(m)*
Draht filo
draußen fuori
Dressing condimento per l'insalata
dringend urgente
drinnen dentro
du tu
dunkel scuro
dünn sottile
durch *(quer durch)* attraverso; *(Mittel)* per; con *(Passiv)* da
Durchfall diarrẹa
dürfen potere
durstig sein avere sete
Dusche dọccia
Duschgel gel *(m)* per la dọccia
Duty-free-Shop spạccio porto-franco

E

Ebbe bassa marẹa
eben *(flach)* piano; *(zeitlich)* prọprio ora
ebenerdig a livello del suolo
Ecke ạngolo
Ehefrau mọglie *(f)*
Ehemann marito
Eier uọva
eigentlich *(als Adjektiv)* vero; *(als Adverb)* veramente
Eigentümer(in) proprietạrio, -a
eilig frettoloso; **es ~ haben** avẹr fretta
ein(e) uno; un, una
einchecken fare il check-in
einfach sẹmplice
einfarbig a tinta unita
Eingang ingresso
einige alcuni, alcune

einkaufen fare la spesa
Einkaufszentrum centro commerciạle
einladen invitare
einmal una volta
einpacken *(in Papier)* incartare; *(in den Koffer)* mẹttere in valịgia
Einreise entrata (in territorio straniero)
einschalten accẹndere
einsteigen salire
eintreffen arrivare
Eintrittskarte biglietto d'ingresso
Eintrittspreis prezzo del biglietto d'ingresso
Einwegkamera fotocạmera usa e getta
Einwohner(in) abitante *(mf)*
Eis ghịaccio
Eiter pus *(m)*
Elastikbinde benda elạstica
elektrisch elẹttrico
Elektrohandlung elettricista *(m)*
Elektroherd cucina elẹttrica
elektronisches Ticket bigliẹtto elettrọnico *(m)*
Eltern genitori *(mpl)*
Empfänger destinatạrio
Empfangshalle hall *(f)*
empfehlen raccomandare
Ende fine *(f)*; **am ~** alla fine
enden finire
endgültig *(als Adjektiv)* definitivo; *(als Adverb)* definitivamente
endlich finalmente
Endreinigung pulizịa finale
Endstation capolịnea *(m)*
eng stretto
englisch inglese
entfernt lontano
Entfernung lontananza
entgegengesetzt opposto
entscheiden decịdere
Entschuldigung scusa
enttäuscht deluso
entweder ... oder o ... o ...
entwerten convalidare
Entzündung infiammazione *(f)*
Epilepsie epilessịa
Epileptiker(in) epilẹttico
er lui
erbrechen; **sich ~** vomitare
Erbsen piselli *(mpl)*
Erdbeeren frạgole
Erdgeschoss pianterreno
Erdnüsse noccioline *(fpl)* americane
erfahren venire a sapere
erfreut (über) lieto (di)
Erfrischung *(Speise)* rinfresco; *(Getränk)* bịbita
erhalten ricẹvere
erinnern; **jemanden an etwas ~** ricordare a qualcuno qualcosa; **sich ~** ricordarsi
Erkältung raffreddore *(m)* costipazione *(f)*
erklären dichiarare
erkundigen; **sich ~** informarsi
erlauben permẹttere
Ermäßigung riduzione *(f)*
ermöglichen rẹnder possịbile
ernst sẹrio
erreichen raggiụngere
Ersatzrad ruọta di scorta
erschöpft esaurito
ersetzen sostituịre; *(Schaden)* risarcire
erst *(zuerst)* prima; *(nicht früher als)* solo, soltanto
erste(r, -s) primo, -a
Erwachsene/r adulto, -a
erwarten aspettare; *(rechnen mit)* aspettarsi
erzählen raccontare
essbar commestịbile
Essen mangiạre *(m)*
essen mangiạre
Essig aceto
Estragon dragoncello
Etage piạno
Etagenbett letto a castello
etwa circa
etwas qualcosa; *(ein wenig)* un po' (di)
EU-Bürger(in) cittadino europeo, cittadina europea
euch *(Akkusativ)* vi, voi; *(Dativ)* vi, a voi
euer (il) vostro
Euro ẹuro

Europa Europa
Europäer(in) europẹo, -a
europäisch europẹo
extra speciạle

Facharzt specialista *(m/f)*
Faden filo
Fähre traghetto
fahren andare; *(lenken)* guidare
Fahrgast passeggero
Fahrkarte biglietto
Fahrkartenautomat distributore *(m)* automạtico di biglietti
Fahrkartenkontrolle controllo dei biglietti
Fahrkartenschalter bigliettẹria, sportello biglietti
Fahrplan orạrio
Fahrpreis prezzo del biglietto
Fahrrad bicicletta
Fahrradhelm casco di protezione
Fahrschein biglietto
Fahrstuhl ascensore *(m)*
Fahrt viạggio
fallen cadere
falls casomai
falsch sbagliato
Familie famịglia
Familienname cognome *(m)*
farbig a colori
Farbstift matita colorata
fast quasi
Februar febbrạio
fehlen mancare
Fehler *(den man macht)* errore; *(den man hat)* difetto
Feigen fichi *(mpl)*
Feinkostgeschäft negozio di specialità gastronọmiche
Feinstrumpfhose collant *(m)*
Fels rọccia
Fenchel finọcchio
Fenster finestra
Fensterplatz posto al finestrino
Ferien vacanze *(fpl)*
Ferien auf dem Bauernhof agriturismo
Ferienhaus casa per le vacanze
Ferngespräch interurbana
Fernseher televisore *(m)*
fertig *(bereit)* pronto
fest *(hart)* duro; *(gut befestigt)* saldo
fettarm con pochi grassi
fettarme Milch latte *(m)* magro
feucht ụmido
Feuerlöscher estintore *(m)*
Feuermelder segnalatore *(m)* d'incendio
Feuerwehr vịgili *(mpl)*, del fuoco; pompieri *(mpl)*, del fuoco
Feuerzeug accendino
Fieber febbre *(f)*
Fischerhafen porto di pesca
finden trovare
Finger dito
Fisch pesce *(m)*
Fischerort villạggio di pescatori
Fischgeschäft pescherịa
FKK-Strand spiạggia per nudisti
flach piatto, piano
Flasche bottịglia
Flaschenöffner apribottịglie *(m)*
Fleck(en) mạcchia
Fleisch carne *(f)*
Flickzeug accessori *(mpl)* per la riparazione di forature
fliegen volare
Flohmarkt mercato delle pulci
Flug volo
Flugbegleiter(in) assistente *(m, f)* di volo
Fluggesellschaft compagnịa aẹrea
Flughafen aeroporto
Flugsteig sala d'attesa passeggeri
Fluss fiụme *(m)*
flüssig lịquido
Flut alta marea
Föhn föhn *(m)*
folgen seguire
Formular mọdulo

fort via
Foto foto *(f)*; fotografia
Fotoapparat macchina fotografica
fotografieren fotografare
Frage domanda
fragen domandare
frankieren affrancare
Frau donna; *(Anrede, vor Namen)* signora
frei libero
Freitag venerdì
Freizeitpark parco divertimenti
Fremdenführer(in) guida turistica; cicerone *(m)*
freuen; **sich ~ auf** essere contento di; **sich ~ über** essere contento di
Freund(in) amico, -a
freundlich gentile
frieren aver freddo
frisch fresco; *(neu)* nuovo
Frischhaltefolie pellicola (per la conservazione dei cibi)
Friseur(in) parrucchiere, -a
Frisur pettinatura
Frost gelo
Frostschutzmittel antigelo
Früchtetee tisana alla frutta
früh presto
Frühling primavera *(f)*
Frühstück colazione *(f)*; prima colazione
frühstücken fare colazione
fühlen sentire
Führerschein patente *(f)*
Fundbüro ufficio oggetti smarriti
funktionieren funzionare
für per
Fuß piede *(m)*
Fußgänger(in) pedone, -a
Fußgängerzone zona pedonale

G

Gabel forchetta
Gang *(Hausflur)* corridoio; *(Auto)* marcia; *(Menü)* portata
ganz *(als Adjektiv)* intero; *(als Adverb)* interamente; *(vollständig)* tutto
gar *(Essen)* cotto
Garage garage *(m)*
Garnelen gamberetti *(mpl)*
Garten giardino
Gasflasche bombola di gas
Gasherd cucina a gas
Gaskocher fornello a gas
Gaspedal acceleratore *(m)*
Gast ospite *(m)*
Gastgeber(in) ospite *(mf)*; padrone di casa, padrona di casa
Gebäck biscotti *(mpl)*; paste *(fpl)*; pasticceria
gebacken fritto
geben dare
Gebirge montagna
gebraten arrostito
Gebühren tasse *(fpl)*
Geburtstag compleanno
Gedeck coperto
Geduld pazienza
Gefahr pericolo
gefährlich pericoloso
gefallen piacere
Gefängnis prigione *(f)*
gegen contro; *(in Richtung auf, zeitlich)* verso; **~ Mittag** verso mezzogiorno
Gegend zona
Gegenstand oggetto
Gegenteil contrario; **im ~** al contrario
gegenüber di fronte
Geheimzahl codice *(m)* segreto
gehen andare
Gehirnerschütterung commozione *(f)* cerebrale
Gehör udito
gehören appartenere
gekocht bollito, cotto
Gelände terreno
gelb giallo
Geld denaro
Geldautomat bancomat *(m)*; sportello automatico
Geldbeutel portamonete *(m)*
Geldschein banconota
Geldwechsel cambio

Gelenk articolazione *(f)*
gelten ẹssere vạlido
gemeinsam *(als Adjektiv)* comune; *(als Adverb)* insieme
Gemüse verdura
gemütlich cọmodo, confortẹvole
genau preciso; **genauso ... wie** tanto ... quanto
genießen godere
genug sufficiẹnte
geöffnet aperto
Gepäck bagạglio
Gepäckabfertigung spedizione *(f)* bagạgli
Gepäckaufbewahrung depọsito bagagli
Gepäckausgabe consegna del bagạglio
Gepäckschalter sportello accettazione bagagli
Gepäckwagen vagone *(m)* bagạgli
gerade diritto; *(zeitlich)* prọprio
geradeaus diritto
Geräusch rumore *(m)*
Gericht *(Essen)* piatto; pietanza; *(Justiz)* tribunale *(m)*
gern volentieri; **nicht ~** di mala vọglia
Geruch odore *(m)*
Geschenkartikel oggettistica
Geschirr stovịglie *(fpl)* piatti *(mpl)*
Geschirrspülmaschine lavastovịglie *(f)*
Geschirrtuch canovạccio per asciugare i piatti
geschlagene Sahne panna montata
Geschlechtskrankheit malattịa venẹrea
geschlossen chiụso
Geschmack gusto
Geschwindigkeit velocità
geschwollen gọnfio
Gesicht fạccia
Gespräch conversazione *(f)*
gestern ieri
gesund sano
Getränk bevanda
Gewicht peso
gewinnen vịncere
Gewürz spẹzie *(fpl)*
gibt; es ~ c'è ci sono
giftig velenoso
Gipfel cima
Glas bicchiere *(m)*
glauben crẹdere
gleich uguale; *(sofort)* sụbito
gleichzeitig contemporạneo
Gleichgewichtsstörungen disturbi dell'equilịbrio
Gleis binạrio
glücklich felice
Glühbirne lampadina (ad incandescenza)
Gold oro
Gramm grammo
Gräte spina, lisca
gratis gratis
gratulieren congratularsi
grau grịgio
Grenze frontiẹra
Grenzübergang vạlico di frontiẹra
Grill grịglia
Grippe influenza
groß grande
Größe *(Ausdehnung, geistige)* grandezza; *(Kleidung, Schuhe)* misura; *(Körpergröße)* statura
Grotte grotta
grün verde
Grund causa; *(Beweggrund)* motivo
grüne Bohnen fagiolini *(mpl)*
grüner Tee tè verde
grüne Versicherungskarte carta verde
Gruppe gruppo
grüßen salutare
Gulasch spezzatino
gültig vạlido
Gummistiefel stivali *(mpl)* di gomma
Gurke cetriọlo
Gürtel cintura
gut *(als Adjektiv)* buono; *(als Adverb)* bene

H

Haare capelli *(mpl)*

Haargel gel *(m)* per capelli

Haarklammern mollette *(fpl)* (per capelli)

haben avere

Hackfleisch carne *(f)* macinata

Hafen porto

Haferflocken fiocchi d'avena *(mpl)*

Hagebuttentee tisana di rosa canina

Hähnchen pollo

halb mezzo

Halbpension mezzapensione *(f)*

Hälfte metà

Hals collo; *(Kehle)* gola

Halsschmerzen mal di gola

Halstabletten pastịglie *(fpl)* per la gola

haltbar durẹvole

Haltbarkeitsdatum data di scadenza

halten tenere; *(dauern)* durare; *(stehen bleiben)* fermarsi

Haltestelle fermata

Hammelfleisch carne *(f)* di montone

Hand mano *(f)*

Hämorriden emorrọidi *(fpl)*

Handbike bicicletta per disạbili

Handbremse freno a mano

Handgas *(Auto)* acceleratore *(m)*; a mano

handgemacht fatto a mano

Handschuhe guạnti *(mpl)*

Handtasche borsa

Handtuch asciugamano

Handy cellulare *(m)*

hart duro

hässlich brutto

häufig *(als Adverb)* spesso

Hauptbahnhof stazione *(f)* centrale

hauptsächlich *(als Adjektiv)* principale; *(als Adverb)* principalmente

Hauptstraße strada principale

Haus casa

Haustiere animali *(mpl)* domẹstici

Haut pelle *(f)*

Heimat pạtria

Heimreise rientro

heiß caldo

heißen chiamarsi

Heizung riscaldamento

helfen; **jemandem ~** aiutare qualcuno

hell chiạro

Hemd camịcia

Herbst autunno

Herd cucina

hereinkommen entrare

Hering aringa; *(Zelt)* picchetto

Herpes herpes *(m)*

Herr signore

Herren signori

Herz cuọre *(m)*

Herzinfarkt infarto

Herzschrittmacher cardiostimolatore *(m)* pacemaker *(m)*

Heuschnupfen raffreddore *(m)* da fiẹno

heute oggi

heute Morgen/heute Abend stamattina/stasera

Hexenschuss colpo della strega

hier qui

Hilfe aiụto; **erste ~** pronto soccorso

Himmel cielo

hinausgehen uscire

hinten diẹtro

hinter diẹtro

hinterlegen depositare

hinzufügen aggiụngere

Hitze caldo

HIV-positiv sieropositivo

hoch alto

höchstens al mạssimo

hoffen sperare

höflich cortese

Höhle grotta, caverna

holen prẹndere, andare a prẹndere

Holz legno

Honig miẹle *(m)*

hören sentire

hörgeschädigt sordastro
Hose pantaloni *(mpl)*
hübsch carino
Hüfte anca
Hügel collina
Hund cane *(m)*
hungrig sein ẹssere affamato
Hupe clacson *(m)*
Husten tosse *(f)*
Hut cappello
Hütte capanna; *(Alpenhütte)* bạita

ich ịo
Idee idẹa
ihr voi; *(Possessivpronomen)* (il) suo, (la) sua
Illustrierte rivista, rotocalco
Imbiss spuntino
immer sempre
Impfpass libretto di vaccinazione
Impfung vaccinazione *(f)*
in in, a; **~ einer Woche** fra una settimana
inbegriffen compreso
Infektion infezione *(f)*
informieren informare
Ingwer zẹnzero
Inhalt contenuto
Inlandsflug volo nazionale
innen dentro
Insekt insetto
Insektenspray spray insetticida *(m)*
Insel ịsola
Insulin insulina
interessant interessante
international internazionale
Internetbuchung prenotaziọne online *(f)*
Irrtum errore *(m)*
Ischias sciạtica

Jacke giạcca
Jahr anno
Jahreszeit stagiọne *(f)*
Januar gennạio
Jeans jeans *(mpl)*
jeden Tag ogni giorno
jeder *(als Adjektiv)* ogni; *(als Pronomen)* ognuno
jemand qualcuno
jene(r, -s) quello, -a
jetzt ora
Joghurt iọgurt *(m)*
Jugendliche/r minorenne *(mf)*
Juli lụglio
jung giọvane
Junge ragazzo
Juni giụgno
Juwelier gioiellerịa

Kaffee caffè *(m)*
Kaffeemaschine *(deutsche)* mạcchina del caffè tedesca/ americana; *(italienische)* macchinetta per il caffè, moka
Kai banchina
Kalbfleisch carne *(f)* di vitello
kalt freddo
kaltes Wasser ạcqua fredda
Kamillentee camomilla
Kamm pẹttine *(m)*
Kapelle cappella
Kapitän capitano
kaputt rotto
Karotten carote
Kartoffeln patate
Käse formạggio
Kasse cassa
Kathedrale cattedrale *(f)*
Katze gatta; *(Kater)* gatto
kaufen comprare
Kaufhaus grande magazzino *(m)*
Kaugummi gomma da masticare
kaum appena
Kaution cauzione *(f)*
Kehrschaufel paletta per la spazzatura
kein nessuno
keiner nessuno
Kekse biscotti *(mpl)*

Kellner(in) camerie̩re, -a
kennen conọscere; **jemanden ~ lernen** fare la conoscenza di qualcuno
Kerbel cerfọglio
Kerzen candele
Ketschup ketchup *(m)*
Kette collana, catena
Kichererbsen ceci *(mpl)*
Kiefer *(Gesicht)* mascella
Kilogramm chilogrammo
Kilometer chilọmetro
Kind bambino
Kinderbett lettino (per bambịni)
Kinderermäßigung riduzione *(f)* per bambini
Kinderfahrkarte biglietto per ragazzi
Kindersitz *(fürs Auto)* seggiolino ạuto; *(fürs Fahrrad)* seggiolino per la bicicletta
Kino cịnema *(m)*
Kirche chiesa
Kirschen ciliẹgie
Kiwi kiwi *(m)*
klar chiaro
Kleid vestito
Kleiderbügel grụccia (per i panni)
Kleidung abbigliamento
klein pịccolo
Kleingeld spịccioli *(mpl)* moneta
Klimaanlage ạria condizionata
Klingel campanello
Kloster convento, monastero
Kneipe locale *(m)* pub *(m)*
Knie ginọcchio
Knoblauch ạglio
Knöchel *(Fuß)* mallẹolo
Knochen osso
Knopf bottone *(m)*
kochen cucinare
Kochnische cucinino, cucinotto
koffeeinfreier Kaffee caffẹ̀ decaffeinato *(m)*
Koffer valịgia
Kofferraum bagagliạio
Kohl cạvolo
Kokosnuss noce *(f)* di cocco
Kolik cọlica
kommen venire
Kompass bụssola
Konditorei pasticcerịa
Kondom preservativo, profilạttico
können potere; *(gelernt haben)* sapere
Kontakt contatto
Konto conto
Konservierungsstoffe; **(ohne) ~** (senza) conservanti
Kopf testa
Kopfkissen guanciạle *(m)* cuscino
Kopfsalat insalata verde, lattuga
Kopfschmerzen mal *(m)* di testa
Kopfschmerztabletten compresse *(fpl)* contro il mal di testa
Koriander coriạndolo
Korkenzieher cavatappi *(m)*
Körper corpo
kosten costare
kostenlos gratis
Kotelett costoletta
Krabben granchi *(mpl)*
Kraft forza
Krampf crampo
krank malato
Krankenhaus ospedale *(m)*
Krankenschwester infermiẹra
Krankenwagen autoambulanza
Krankheit malattịa
Kräuter erbette
Kräutertee tisana alle erbe
Krawatte cravatta
Kreditkarte carta di crẹdito
Kreislaufmittel fạrmaco per disturbi circolatori
Kreislaufstörung disturbi circolatori
Kreuzfahrt crociẹra
Kreuzung incrọcio
Krimi (romanzo) giallo
Kuchen dolce *(m)* torta
Kugelschreiber biro *(f)*
kühl fresco
Kühlschrank frigorịfero

Kultur cultura
Kümmel cumino
kümmern; **sich ~ um** occuparsi di
Kunde, Kundin cliente *(mf)*
Kunst arte *(f)*
Kupplung frizione *(f)*
Kürbis zucca
Kurve curva
kurz *(räumlich)* corto
kürzlich recentemente
Kurzschluss corto circụito
küssen baciạre
Küste costa

lachen rịdere
Ladegerät apparẹcchio cạricabatterie
Ladekabel *(Handy)* cavo ricạrica (il cellulare); *(Laptop)* cavo ricạrica (il computer portạtile)
Lage situazione *(f)*
Lähmung parạlisi *(f)*
Lammfleisch carne *(f)* d'agnello
Lampe lạmpada
Land paese *(m)*; *(Gegensatz zu Wasser)* terra
Landkarte carta geogrạfica
Landschaft paesạggio
Landstraße strada maestra
Landung atterrạggio
lang lungo
Länge lunghezza
langsam *(als Adjektiv)* lento; *(als Adverb)* lentamente, piano
Laptop computer *(m)* portạtile
Lärm chiạsso
Lauch porro
laufen cọrrere
läuten suonare
leben vịvere
Leben vita
Lebensmittelgeschäft negọzio di gẹneri alimentari
Lebensmittelvergiftung intossicazione *(f)* da alimenti
Leber fẹgato
Leberpastete pastịccio di fegato
lecker squisito, gustoso
leer vuọto
leicht fạcile; *(Gewicht)* leggero
leider purtroppo
leise piano, a bassa voce
lesen lẹggere
letzte(r, -s) ụltimo, -a
letzten Montag lunedì scorso
Leuchtturm faro
Leute gente *(f)*
Licht luce *(f)*
Lichtschalter interruttore *(m)*
Lichtschutzfaktor fattore *(m)* protettivo
Liebe amore *(m)*
lieber *(als Adverb)* piuttosto; **~ haben** preferire
Lied canzone *(f)*
liegen giacere
lila lilla
Limonade limonata
linke(r, -s) sinistro, -a
links a sinistra
Linsen lentịcchie *(fpl)*
Lippe labbro
Lippenstift rossetto
Liter litro
Loch buco
Locken ricci *(mpl)*
Löffel cucchiạio
Lorbeer alloro
Luft ạria
Luftmatratze materasso pneumạtico
Luftpumpe pompa d'ạria
Lunge polmone *(m)*
Lungenentzündung polmonite *(f)*
lustig allegro
luxuriös lussuọso

machen fare
Mädchen ragazza
Magen stọmaco
Magenschmerzen mal *(m)* di stọmaco

Majoran maggiorana
Mahlzeit pasto
Mai maggio
Mais mais *(m)* granturco
Makrele sgombro
malen dipingere
man si
manchmal a volte
Mandarinen mandarini *(mpl)*
Mandelentzündung tonsillite *(f)*
Mandeln *(Essen)* mandorle *(fpl)*; *(Hals)* tonsille *(fpl)*
Mango mango
Mann uomo
männlich maschile
Mantel cappotto, soprabito
Maremmen maremma
Margarine margarina
Markt mercato
Marmelade marmellata
März marzo
Maschine macchina
Matratze materasso
Mauer muro
Maut pedaggio *(m)*
Mayonnaise maionese *(f)*
Medikament medicina
Meer mare *(m)*
Mehl farina
mehr più; **~ als** più che più di
mein (il) mio
meinen pensare, credere
meinetwegen per me
Melone melone *(m)*, popone *(m)*
Mensch uomo
Menstruation mestruazione *(f)*
Menü menù
merken notare; **sich etwas ~** tenere a mente qualcosa
Messer coltello
Meter metro
Metzgerei macelleria
mich mi, me
Miesmuscheln mitili *(mpl)*, cozze *(fpl)*
Miete affitto, noleggio
mieten affittare
Migräne emicrania
Mikrowelle microonde *(m)*
Milch latte *(m)*
mild mite; dolce
Millimeter millimetro
mindestens per lo meno
Mineralwasser acqua minerale
Minute minuto
Minze menta
mir mi, a me
mit con
mitbringen portare con sé
Mitbringsel regalino
mitnehmen portare con sé, portarsi dietro
Mittag mezzogiorno
Mittagessen pranzo, desinare *(m)*
mittags a mezzogiorno
Mitte mezzo, centro
Mitteilung comunicazione *(f)*
Mittel mezzo; *(Heilmittel)* rimedio
Mittel gegen Insektenstiche rimedio contro le punture d'insetto
Mittelmeer Mediterraneo
Mittwoch mercoledì
Möbel mobile *(m)*
Mode moda
modern moderno
mögen *(gern haben)* piacere; garbare
möglich possibile
Mole molo
Monat mese *(m)*
monatlich *(als Adjektiv)* mensile; *(als Adverb)* mensilmente
Mond luna
Montag lunedì
morgen domani
morgen früh/morgen Abend domattina/domani sera
morgens la mattina
Motor motore *(m)*
Möwe gabbiano
Mücke zanzara
Mückenschutz repellente *(m)*
müde stanco
Müll immondizia
Mullbinde fascia di garza
Mülltonne bidone *(m)* delle immondizie
Mund bocca

Münze moneta
Muschel conchịglia
Museum musẹo
Musik mụsica; **~ hören** ascoltare mụsica
Muskatnuss noce moscata *(f)*
Muskel mụscolo
Müsli müesli *(m)*
müssen dovere
Mutter madre *(f)*
Mütze berretto

N

nach *(zeitlich)* dopo; *(räumlich)* a, in
Nachbar(in) vicino, -a
Nachmittag pomerịggio
nachmittags di pomerịggio, la pomerịggio
Nachricht notịzia
nachsenden recapitare
nächste(r, -s) prọssimo, -a
nächstes Jahr anno prọssimo
Nacht notte *(f)*
Nachtisch dessert *(m)*, dolce *(m)*
nachts la notte
Nachttisch comodino
nackt nudo
Nadel ago
Nagellack smalto
Nagelschere fọrbici *(fpl)* per le ụnghie
nah vicino
nähen cucire
nähern; **sich ~** avvicinarsi
Nahverkehrszug treno locale
Name nome *(m)*
Narbe cicatrice *(f)*
Narkose anestesịa
Nase naso
Nasenbluten emorragịa nasale
nass bagnato
Nationalitätskennzeichen targa di nazionalità
Nationalpark parco nazionale
Natur natura
natürlich *(als Adjektiv)* naturale; *(als Adverb)* naturalmente
Naturschutzgebiet parco nazionale
Nebel nẹbbia
neben vicino a
Nebenkosten spese *(fpl)* (accessọrie)
Nebenstraße strada secondạria
nehmen prẹndere
nennen chiamare
Nerv nervo
nervös nervoso
nett *(freundlich)* gentile
neu nuovo
Neuigkeit novità
nicht non; **gar ~** niente affatto
nichts nịente
nie mai
niedrig basso
niemand nessuno
Niere rene *(m)*
nirgends in nessun luogo
noch ancora; **~ nicht** non ancora
Norden nord *(m)*
normal normale
normalerweise normalmente, di sọlito
Notausgang uscita d'emergenza
Notebook notebook *(m)*
Notfall caso di emergenza
Notizblock blocchetto per appunti
Notlandung atterrạggio di fortuna
Notrufsäule telẹfono d'emergenza
notwendig necessạrio
November novembre
Nudeln pasta *(f)*
Nummer nụmero
Nummernschild targa
nur solo, soltanto
Nüsse noci

O

ob se
oben sopra, sù
Obst frutta *(f)*

Obst- und Gemüsehändler fruttivẹndolo
obwohl benché
oder oppure
offen aperto
öffentlich pụbblico
öffnen aprire
Öffnungszeiten orario d'apertura (al pụbblico)
oft spesso
ohne senza
Ohnmacht svenimento
Ohr orẹcchio
Ohrentropfen gocce *(fpl)* per gli orẹcchi
Ohrringe orecchini *(mpl)*
Ohrstecker orecchino a perno
Oktober ottobre
Öl ọlio
Oliven olive
Olivenöl ọlio d'oliva
Ölwechsel cạmbio dell' ọlio
Oper ọpera
Operation operazione *(f)*
Optiker ọttico
orange arancịone
Orangensaft succo d'arạncia
Oregano orịgano
Ort luogo
Ortschaft località
Ortsgespräch telefonata urbana
Osten est *(m)*
Österreich Austria
Österreicher(in) austrịaco, -a

P

Paar pạio; *(Ehepaar)* cọppia
paar; **ein ~** alcuni
Päckchen pacchetto
Paket pacco
Panne guasto, panne *(f)*
Pannendienst soccorso stradale
Papier carta
Papiere documenti *(mpl)*
Papiertaschentücher i fazzoletti di carta
Paprika *(Gemüse)* peperone *(m)*; *(Gewürz)* pạprica
Parfüm profumo
Parfümerie profumerịa
Park parco, giardino pụbblico
parken parcheggịare
Parkplatz parchẹggio
Pass passạggio; *(Gebirge)* passo
Passagier(in) passeggero, -a
passen andare bene, stare bene; *(gelegen kommen)* andare
Passkontrolle controllo dei passaporti
Pauschalpreis prezzo forfettạrio
Pause intervallo
Pension pensione *(f)*
Pepperoni peperoncini verdi
Perle perla
Person persona
Personalausweis carta d'identità
persönlich personale
Perücke parrucca
Petersilie prezzẹ molo
Pfad sentiẹro
Pfand pegno; *(Flaschenpfand)* cauzione *(f)*
Pfanne padella
Pfeffer pepe *(m)*
Pfefferminztee tisana alla menta
Pfeife pipa
Pfeifentabak tabacco per pipe *(m)*
Pferd cavallo
Pfirsiche pesche
Pflanze pianta
Pflaster cerotto
Pflaumen prugne
Pilot pilota *(m)*
Pfund mezzo chilo
Pilz micọsi *(f)*
Pilzinfektion micosi *(f)*
Pinzette pinzetta
Plakat manifesto
Plan pịano; *(Absicht, Entwurf)* progetto
Plastikbeutel sacchetto di plạstica
Platten gomma a terra
Platz piazza
Platzreservierung prenotazione *(f)*

plötzlich improvvisamente
Polizei polizịa
Polizist(in) agente *(mf)*; *(Verkehr)* vigile, vigilessa
Pony *(Haarschnitt)* frangetta, frạngia
Portier portiẹre *(m)*
Portion porzione *(f)*
Porto affrancatura
Porzellan porcellana
Postamt uffịcio postale
Postkarte cartolina postale
Postleitzahl CAP, codice di avviamento postale
praktisch prạtico
Preis *(Geld)* prezzo; *(Siegespreis, Gewinn)* prẹmio
Prellung contusione *(f)*
Prepaid-Guthaben crẹdito della scheda prepagata *(m)*
privat privato
Problem problema *(m)*
Produkt prodotto
Promillegrenze lịmite *(m)* di ạlcol nel sạngue
Prospekt prospetto
Prothese prọtesi *(f)*
Publikum pụbblico
Puder borotalco; *(Gesicht)* cịpria
prüfen controllare
Pullover pullover *(m)* maglione *(m)*
Puls polso
pünktlich *(als Adjektiv)* puntuale; *(als Adverb)* puntualmente
putzen pulire
Putzmittel prodotti *(mpl)* per pulire

Q

Quadratmeter metro quadrato
Qualität qualità
Qualle medusa
Quelle sorgente *(f)* fonte *(f)*
quer durch attraverso
querschnittsgelähmt paraplẹgico
Quittung ricevuta

R

Rabatt sconto
Rad ruọta; **~ fahren** andare in bicicletta
Radarkontrolle controllo radar
Radio rạdio *(f)*
Rasierapparat rasọio; **elektrischer ~** rasoio elettrico
Rasierklinge lạmetta *(f)*
Rasierpinsel pennello da barba
Rasierwasser lozione *(f)* dopobarba
Rastplatz piạzzola di sosta
Raststätte stazione *(f)* di servịzio, autogrill *(m)*
Rathaus municịpio
rauchen fumare
Raucher fumatore
Raum spạzio; *(Räumlichkeit)* locale *(m)*; *(Zimmer)* stanza
Rauschgift stupefacente *(m)*
Rechnung conto
rechte(r, -s) destro, -a
rechts a destra
rechtzeitig *(als Adverb)* in tempo
reden parlare
Reformhaus negọzio di prodotti dietẹtici
regelmäßig *(als Adjektiv)* regolare; *(als Adverb)* regolarmente
Regen piọggia
Regenjacke impermeạbile *(m)*
Regenschauer scrosci *(mpl)* di piọggia
Region regione *(f)* zona
regionale Produkte/ Spezialitäten i prodotti/le specialitạ regionali
regnerisch piovoso
reif maturo
Reifen pneumạtico
reinigen pulire
Reis riso
Reise viạggio
Reisebüro agenzia di viạggi
Reiseführer guịda turịstica

reisen viaggiare
Reisende/r viaggiatore, -trice
Reisepass passaporto
Reisetasche borsa da viaggio
Reisewecker sveglia da viaggio
reißen strappare
Reißverschluss cerniera *(f)*; zip *(m)*
reiten cavalcare
reklamieren reclamare
Religion religione *(f)*
rennen correre
reparieren riparare
reservieren riservare
Reservierung prenotazione *(f)*
Restaurant ristorante *(m)*
retten salvare
Rettungsboot scialuppa di salvataggio
Rettungsring salvagente *(m)*
Rezept ricetta
Rezeption reception *(f)*
R-Gespräch comunicazione *(f)* telefonica a carico del ricevente
Rheuma reumatismi *(mpl)*
richtig giusto; *(geeignet)* adatto
Richtung direzione *(f)*
Rindfleisch carne *(f)* di manzo
Ring anello
Rippe costola
Rock *(Kleidung)* gonna
roh crudo
Rollstuhl carrozzella, sedia a rotelle
Rollstuhlfahrer(in) disabile *(m)*, in sedia a rotelle *(m)*
rollstuhlgerecht adatto per carrozzelle, idoneo per carrozzelle
Roman romanzo
röntgen radiografare
rosa rosa
Rosé(wein) vino rosato
Rosmarin rosmarino
rot rosso
Rotwein vino rosso
Route itinerario
Rücken schiena
Rückenschmerzen dolore *(m)* alla schiena
Rückfahrkarte biglietto di andata e ritorno
Rückfahrt viaggio di ritorno
Rückgrat spina dorsale
Rücklicht fanalino posteriore
Rucksack zaino
Rückspiegel specchietto retrovisore
rückwärts all'indietro
Rückwärtsgang marcia indietro
Ruderboot barca a remi
rufen chiamare
Ruhe riposo; *(Stille)* silenzio
ruhig tranquillo
Rührlöffel mestolo
Ruine rovina
rund rotondo
Rundfahrt giro

S

Safe cassaforte *(f)*
Safran zafferano
saftig succoso
sagen dire
Sahne panna
Salami salame *(m)*
Salat insalata
Salbe pomata
Salbei salvia
Salmonellenvergiftung salmonellosi *(f)*
Salz sale *(m)*
Samstag sabato
Sandalen sandali *(mpl)*
Sandkasten recinto con la sabbia
satt sazio
Satz frase *(f)*
sauber pulito
sauer agro
Schaden danno
schädlich dannoso
Schaffner(in) bigliettaio, -a
Schafskäse pecorino
Schal scialle *(m)*; sciarpa
scharf piccante
Schatten ombra
Schaufenster vetrina

Scheibe fetta

Scheibenwischer tergicristallo

Scheinwerfer faro

schenken regalare

Schere fọrbici *(fpl)*

schicken mandare

Schiebedach tetto aprịbile

Schienbein tịbia

Schild *(Hinweis-, Ladenschild)* insegna; *(Tür, Auto)* targa; *(Straßenschild)* segnale *(m)*

schimpfen sgridare

Schinken prosciụtto

Schirm ombrello

Schlafcouch divano letto

schlafen dormire

Schlafsack sacco a pelo *(m)*

Schlaftabletten sonnịferi *(mpl)*

Schlafzimmer cạmera da letto

Schlaganfall colpo apoplẹttico

schlagen colpire

Schlange serpente *(m)*; **~ stehen** fare la fila

schlank snello

Schlauch cạmera d'ạria

schlecht *(als Adjektiv)* cattivo; *(Wetter)* brutto; *(als Adverb)* male

schließen chiụdere

Schließfach depọsito a cassette

schlimm cattivo

Schlitten slitta

Schloss castello; *(Tür)* serratura

Schlucht gola

Schlüssel chiave *(f)*

Schlüsselbein clavịcola

Schlüsselübergabe consegna delle chiavi

schmal stretto

schmecken piacere

schmerzen far male

Schmerzen dolori *(mpl)*

Schmerztablette compressa analgẹsica

Schmuck gioielli *(mpl)*

Schmutz sporcịzia

schmutzig sporco

schnarchen russare

Schnee neve *(f)*

schneiden tagliare

schnell *(als Adjektiv)* rạpido; veloce; *(als Adverb)* presto; rapidamente, velocemente

Schnellstraße superstrada

Schnittlauch erba cipollina

Schnorchel respiratore *(m)*; di superfịcie; snorkel *(m)*

Schnuller ciụccio, succhiẹtto

Schnupfen raffreddore *(m)*

Schnürsenkel lạccio per scarpe, stringa per scarpe

Schokolade cioccolata

Schokoriegel barretta di cioccolata

schon già

schön bello

Schrank armạdio

Schraube vite *(f)*

schrecklich terrịbile

schreiben scrịvere

Schreibwarengeschäft cartolerịa

schreien gridare

schriftlich per iscritto

schüchtern tịmido

Schuh scarpa

Schuhcreme lụcido per scarpe

Schuhgeschäft negọzio di calzature

Schule scuola

Schulter spalla

Schüssel terrina, ciọtola

Schüttelfrost brịvidi *(mpl)*

schwach dẹbole

Schwangerschaft gravidanza

schwarz nero

Schwarzbrot pane *(m)* nero

Schwarztee tè

schweigen tacere

Schweinebraten arrosto/arista di maiale

Schweinefleisch carne *(f)* di maiale

Schweiz Svịzzera *(f)*

Schweizer(in) svịzzero, -a

Schweizer Franken franco svịzzero

schwer pesante; *(schwierig)* diffịcile

Schwerbehinderte/r grande invạlido, -a

Schwertfisch pesce *(m)* spada

Schwester sorella

schwierig diffịcile

schwimmen nuotare

Schwimmflossen pinne *(fpl)*

Schwimmflügel bracciali *(mpl)*; salvagente; braccioli *(mpl)*

Schwimmring salvagente *(m)*

Schwimmweste giubbetto di salvatạggio

schwindlig; **mir ist ~** ho le vertịgini

schwitzen sudare

schwül afoso

See lago

Seegang moto ondoso

seekrank sein avere il mal di mare

Seezunge sọgliola

Segelboot barca a vela

sehbehindert videoleso

sehen vedere

Sehenswürdigkeiten cose *(fpl)* da vedersi; monumenti *(mpl)*

sehr molto

Seife sapone *(m)*

Seil corda

sein *(als Verb)* ẹssere

sein(e) *(als Possessivpronomen)* (il) suo, (la) sua

seit da

Seite parte *(f)* lato

Sekunde secondo

selbst stesso

Selbstbedienung self-service *(m)*

Sellerie sẹdano

selten *(als Adjektiv)* raro; *(als Adverb)* raramente

Senf sẹnape *(f)*, mostarda *(f)*

September settembre

servieren servire

Serviette tovagliọlo

Sessel sẹdia

setzen mẹttere; **sich ~** sedersi

Sex sesso

Shampoo shạmpoo *(m)*

Shorts pantaloncini *(mpl)*, shorts *(mpl)*

sicher *(als Adjektiv)* sicuro; *(als Adverb)* certamente

Sicherheit sicurezza; *(Garantie)* garanzịa

Sicherheitsgurt cintura di sicurezza

Sicherheitskontrolle controllo di sicurezza

Sicherheitsnadel spillo di sicurezza

Sicherung *(Elektrizität)* vạlvola; (di sicurezza)

Sicht vista

sie lei; *(Pluralform)* loro

Sie Lei; *(Pluralform)* Loro

Silber argento

SIM-Karte carta SIM *(f)*

singen cantare

Sitz sede *(f)*

sitzen sedere

Ski sci *(m)*; **~ laufen** sciare

Slip slip *(m)*

Slipeinlagen assorbenti *(fpl)* sottili; proteggi-slip *(mpl)*

Smartphone smartphone *(m)*

so così

Socken calzini *(mpl)*

Sodbrennen acidità di stọmaco

sofort sụbito

Sohle suọla

Sohn fịglio

sollen dovere

Sommer estate *(f)*

Sonne sole *(m)*

Sonnenbrand scottatura (solare)

Sonnenhut cappello da sole

Sonnenmilch latte solare *(m)*

Sonnenschutz protezione *(f)* solare

Sonnenstich colpo di sole

sonnig soleggiạto

Sonntag domẹnica; **am ~** domẹnica

Soße salsa

Souvenirladen negọzio di souvenir

Spaghetti gli spaghetti

Spargel aspạragi *(mpl)*

Spaß *(Scherz)* scherzo; *(Vergnügen)* divertimento

spät tardi

später più tardi
spazieren gehen passeggiạre
Speicherkarte scheda di memọria
Speisekarte lista delle vivande; menu *(m)*
Speiseröhre esọfago
Speisesaal sala da pranzo
Speisewagen vagone *(m)* ristorante
Spezialität specialità
Spiegel spẹcchio
Spielsachen giocạttoli *(mpl)*
Spinat spinaci *(mpl)*
Spirituosengeschäft bottiglierịa
Sport sport *(m)*
Sportplatz campo sportivo
Sprache lịngua
sprechen parlare
Sprechstunde orạrio di vịsita
Spritze siringa
Spülbecken lavandino, acquạio
Spucktüte sacchetto *(m)*
Spülmittel detersivo per le stovịglie
Staatsangehörigkeit nazionalità
Stadt città
Stadtplan pianta della città
Stadtrundfahrt giro turịstico della città
Stadtteil quartiẹre *(m)*
Stadtzentrum centro città
stammen (aus) provenire (da), derivare (da)
stark forte
Starthilfekabel cavo ausiliạrio per la messa in moto
Station reparto
statt invece di
stattfinden aver luọgo
Stau ingorgo
Staub pọlvere *(f)*
Staubsauger aspirapọlvere *(m)*
stechen pụngere
Steckdose presa
Stecker spina
Steg passerella; pontile *(m)*
stehen stare (in piedi); **~ bleiben** fermarsi
Stehklosett gabinetto alla turca; *(Pissoir)* vespasiano
stehlen rubare
steil rịpido
Stein piẹtra
steinig sassoso
Stelle posto
stellen mẹttere
Stern stella
Stich punto
Stiefel stivali *(mpl)*
still silenzioso
Stimme voce *(f)*
stimmen *(richtig sein)* ẹssere; giusto
stinken puzzare
Stockwerk piano
Stoff stoffa
stören disturbare
stornieren *(Zimmer, Fahr-, Flugkarten)* disdire
Stoßstange parạurti *(m)*
Strafe pena; *(Geldstrafe)* multa
Strand spiạggia
Strandschuhe sạndali *(mpl)* da spiạggia
Straße via, strada; *(Landstraße)* strada provinciạle
Straßenbahn tram *(m)*
Straßenkarte carta automobilịstica
Strecke tratto
Streichholz fiammịfero
Streit lite *(f)*
Strickjacke giacca di lana; golf *(m)*
Strohhalm cannụccia
Strom *(Fluss)* fiume *(m)*; *(Elektrizität)* corrente *(f)*; (elẹttrica)
Stromspannung voltạggio
Strumpfhose collant *(m)* calzamạglia
studieren studiare
Stufe gradino
Stuhl sẹdia
Stuhlgang evacuazione *(f)*
stumm muto
Stunde ora; *(Unterricht)* ora; lezione *(f)*; **eine halbe ~** mezz'ora

stündlich ogni ora
stürzen *(fallen)* cadere
Sturzhelm casco
suchen cercare
Süden sud *(m)*
Summe somma
Supermarkt supermercato
Suppe minestra
surfen praticare il surfing
süß dolce
Süßigkeiten dolciumi *(mpl)*
Süßstoff edulcorante *(m)*, dolcificante *(m)*
Süßwarengeschäft negozio di dolciumi
Sweatshirt felpa
sympathisch simpatico

T

Tabak tabacco
Tabakladen tabaccaio
Tablet-PC Tablet PC *(m)*
Tablette compressa, pasticca, pillola
Tachometer tachimetro
Tag giorno
Tagesausflug gita di un giorno
Tagesgericht piatto del giorno
Tageskarte biglietto giornaliero
Tageszeitung quotidiano
täglich tutti i giorni
tagsüber di giorno
Tal valle *(f)*
Tampons tamponi *(mpl)*
Tank serbatoio
tanken far benzina
tanzen ballare
Tasche tasca; *(Handtasche)* borsa
Taschenbuch libro tascabile
Taschendieb(in) borsaiolo, -a scippatore, -rice
Taschenlampe pila/torcia *(f)*
Taschenmesser temperino; coltello tascabile
Tasse tazza
taub sordo
taubstumm sordomuto
tauchen nuotare sott'acqua
tauschen cambiare
Taxifahrer(in) tassista *(mf)*
Taxistand posteggio di taxi
Tee tè *(m)*
Teebeutel bustina di tè
Teelöffel cucchiaino
Teil parte *(f)*
teilen dividere; **~ mit jemandem** dividere con qualcuno
Teilkasko assicurazione *(f)* parziale per tutti i rischi
teilnehmen (an) partecipare (a)
Telefon telefono
telefonieren telefonare
Telefonkarte carta telefonica
Telefonnummer numero telefonico
Telefonzelle cabina telefonica
Teller piatto
Temperatur temperatura
Termin termine *(m)*; data; *(Arzt-, Geschäftstermin)* appuntamento
Terminal air terminal *(m)*
Terrasse terrazza
teuer caro
Theater teatro
Thermosflasche termos *(m)*
Thunfisch tonno
Thymian timo
tief profondo
Tier animale *(m)*
Tintenfisch seppia, calamaro
Tipp suggerimento, consiglio
Tisch tavolo
Toast toast *(m)*
Toaster tostapane *(m)*
Tochter figlia
Tod morte *(f)*
Toiletten toilette *(f)*, bagno
Toilettenpapier carta igienica
Tomaten pomodori *(mpl)*
trampen viaggiare in autostop
Traubenzucker destrosio *(m)*
Traum sogno
traurig triste
treffen incontrare
trennen separare
Treppe scala
trinken bere

Trinkflasche bottịglia
Trinkgeld mạncia
Trinkwasser ạcqua potạbile
trocken secco, asciụtto
trocknen asciugare
Trockner asciugatrice *(f)*
Trolley(-koffer/-tasche) (valịgia/borsa) trolley
Trommelfell membrana del tịmpano
Tropfen gocce
trotzdem ciò nonostante, tuttavịa
T-Shirt maglietta
tun fare
Tunnel tụnnel *(m)*, gallerịa
Tür porta
Türcode cọdice *(m)*, per la porta della cạmera
türkis turchese
Turm torre *(f)*
Turnschuhe scarpe *(fpl)* da ginnạstica
Tüte sacchetto

U

U-Bahn metropolitana
Übelkeit nạusea
üben esercitare
über sopra, su
überall dappertutto
überbacken passare al forno; gratinare
Überfall assalto
überholen sorpassare
Überlandbus ạutobus *(m)* interurbano
übermorgen dopo domani
übernachten pernottare
Übernachtung pernottamento
überqueren attraversare
überrascht sorpreso
übersetzen *(Sprache)* tradurre
Überweisung rimessa, trasferimento
überzeugen convịncere
übrig bleiben rimanere, restare
Ufer sponda
um *(herum)* intorno a; *(Zeitangabe)* alle; *(gegen)* verso; **~ diese Zeit** a quest'ora
umarmen abbracciạre
umbuchen cambiare il biglietto
Umgebung dintorni *(mpl)*; **in der ~ von** nẹi dintorni di
Umgehungsstraße circonvallazione *(f)*
Umhängetasche borsa a tracolla
umkehren ritornare, tornare indiẹtro
Umleitung deviazione *(f)*
umsonst *(gratis)* gratis; *(vergeblich)* invano
umtauschen cambiare
Umweg giro più lungo
unangenehm spiacẹvole
unbedingt *(als Adverb)* assolutamente
und e
Unfall incidente *(m)*
Unglück sfortuna, disgrạzia
ungültig invạlido
Unkosten spese *(fpl)*
unmöglich impossịbile
uns *(Akkusativ)* ci, noi; *(Dativ)* ci, a noi
unser (il) nostro
unten giù, sotto
unter sotto di; *(zwischen)* tra, fra
Unterführung sottopassạggio
unterhalb al di sotto di
unterhalten; sich ~ conversare (sich vergnügen) divertirsi
Unterkunft allọggio
Unterleib addome *(m)*
Unterschied differenza
unterschreiben firmare
Unterschrift firma
untersuchen esaminare
Untertasse piattino
Unterwäsche biancherịa ịntima
unterwegs per strada, in vịaggio
unverschämt sfacciạto
unwichtig poco importante

Urin urina
Urlaub ferie *(fpl)*
USB-Stick chiavetta USB *(f)*

V

Vase vaso
Vater padre *(m)*
vegetarisch vegetariano
Ventilator ventilatore *(m)*
Verabredung appuntamento
verabschieden; sich ~ congedarsi accomiatarsi
Veranstaltung manifestazione *(f)*; *(Aufführung)* spettacolo
verantwortlich responsabile
Verband materiale *(m)* di pronto soccorso
Verbandskasten cassetta di pronto soccorso
verbessern migliorare
verbieten proibire
Verbindung relazione *(f)*; rapporto; *(Telefon)* comunicazione *(f)*
Verbot divieto
verboten vietato
Verbrauch consumo
verbrennen bruciare
Verdauung digestione *(f)*
Verdauungsstörung indigestione *(f)*
verdorben *(faul)* guasto; *(sittlich)* corrotto
vereinbaren accordarsi su
vergessen dimenticare
Vergewaltigung violenza (carnale), stupro
Vergiftung avvelenamento
vergleichen confrontare
verhaften arrestare
verheiratet (mit) sposato (con)
Verhütungsmittel anticoncezionale *(m)*
verirren; sich ~ smarrirsi
verkaufen vendere
Verkehr traffico
verlangen (nach) chiedere (di); *(fordern)* esigere
Verlängerungswoche settimana supplementare
verletzen ferire
Verletzte/r ferito, -a
Verletzung ferita
verlieren perdere
vermeiden evitare
vermieten affittare
Verpackung imballaggio
verpassen; den Bus ~ perdere l'autobus
Verpflegung alimentazione *(f)* vitto
verpflichtet sein essere obbligato
verrechnen; sich ~ sbagliare i calcoli
verreisen partire
verschieben *(zeitlich)* rimandare
verschreiben prescrivere
verschwinden sparire
Versicherung assicurazione *(f)*
verspäten; sich ~ ritardare
Verspätung ritardo
verständigen; jemanden ~ informare qualcuno; **sich ~** *(sich einigen)* intendersi; *(sich verständlich machen)* comunicare
verstehen capire
Verstopfung costipazione *(f)* stitichezza
versuchen tentare; *(Speisen)* assaggiare
Vertrag contratto
verunglücken avere un incidente, avere un infortunio
verursachen causare
verwechseln scambiare
verwenden adoperare, usare
verwitwet vedovo, -a
verzögern tardare
verzweifelt disperato
viel molto
vielleicht forse
Viertelstunde un quarto d'ora
Virus virus *(m)*
Visum visto
Vogel uccello
voll pieno; *(voll besetzt)* pieno; al completo; *(ganz)* tutto

Vollkasko assicurazione *(f)* di totale copertura
Vollkornbrot pane *(m)* integrale
Vollmilch latte intero *(m)*
Vollpension pensione *(f)* completa
von da, di
vor *(räumlich)* davanti a; *(zeitlich)* prima di; **~ zehn Minuten** dieci minuti fa
Voraus; **im ~** in antịcipo
vorbereiten preparare
Vorfahrt precedenza
vorgestern l'altro iẹri
vorher prima
vorletzte(r, -s) penụltimo, -a
Vormittag mattina
vormittags di mattina, la mattina
vorn davanti
Vorname nome *(m)*
Vorort sobborgo
Vorrat provvista
Vorschrift regolamento
Vorsicht precauzione; **~!** attenzione!
vorsichtig attento
Vorspeise antipasto
vorstellen presentare
vorüber passato
Vorwahlnummer prefisso
vorwärts avanti
vorziehen preferire
Vulkan vulcano

W

wach svẹglio
Wagenheber cric *(m)*
wählen scẹgliere; *(Telefon)* formare il nụmero, digitare
wahr vero
während *(als Präposition)* durante; *(als Konjunktion)* mentre
wahrscheinlich *(als Adjektiv)* probạbile; *(als Adverb)* probabilmente
Währung valuta
Wahrzeichen emblema *(m)*
Wald bosco, foresta
Wallfahrtsort luogo di pellegrinaggio
Wand parete *(f)*
Wander-/Trekkingschuh scarpa da trekking
Wanderkarte mappa dei sentieri
wandern camminare, fare escursioni
warm caldo
warmes Wasser ạcqua calda
Warnblinkanlage i lampeggiatori d'emergenza
Warndreieck triạngolo
warnen (vor) avvertire (di)
warten aspettare
Wartesaal sala d'aspetto
Wartezimmer sala d'aspetto
was cosa, che cosa, che; **~ für ein/eine ...?** quale/che ...?
Waschbecken lavandino
Wäsche bucato
Wäscheklammern molletta (per stẹndere la biancherịa)
Wäscheleine corda per stẹndere il bucato
waschen lavare
Wäscheständer stendibiancherịa *(m)*
Wäschetrockner *(Automat)* asciugatrice *(f)*
Waschlappen guanto di spugna
Waschmaschine lavatrice *(f)*
Waschmittel detersivo
Waschraum lavatọio
Waschsalon lavanderịa a gettone
Wasser ạcqua
wasserdicht impermeạbile
Wasserfall cascata
Wasserhahn rubinetto
Wasserkanister tạnica dell'ạcqua
Wasserkocher bollitore *(m)*
Wasserspülung sciacquone *(m)*
Wasserverbrauch consumo d'ạcqua
Watte cotone *(m)* idrọfilo
Wattestäbchen i bastoncini igiẹnici

Wechselgeld moneta; spịccioli *(mpl)*
wechselhaft variạbile
Wechselkurs corso dei cambi
wecken svegliare
weg vịa
Weg vịa, strada
wegen a causa di, per
weggehen andạr via
Wegweiser segnavịa *(m)*
weh tun far male
weiblich femminile
weich mọrbido
weigern; **sich ~** rifiutarsi
weil perché
Wein vino
weinen piạngere
Weinhandlung fiaschetterịa, enoteca
Weisheitszahn dente *(m)* del giudịzio
weiß biạnco
Weißbrot pane *(m)* bianco
Weißwein vino bianco
weit *(nicht eng)* largo, ạmpio; *(Weg)* lungo; *(entfernt)* lontano
Welt mondo
wenig poco; **ein ~** un po'
wenigstens almeno
wenn *(Bedingung)* se; *(zeitlich)* quando
werden diventare
werfen gettare
werktags nei giọrni feriạli
Werkzeug utẹnsile *(m)* attrezzo
wertlos senza valore
Wertsachen oggetti *(mpl)* di valore
Wespe vespa
Weste golf *(m)* gilè *(m)*
Westen ọvest *(m)*
Wetterbericht bollettino meteorolọgico
Wettervorhersage previsioni *(fpl)* metereolọgiche
wichtig importante
Wickeltisch fasciatọio
wie *(Frage)* come; *(Vergleich)* come, quanto
wieder di nuovo
wiederholen ripẹtere
wiederkommen ritornare
wiegen pesare
Wiese prato
Wildpark riserva per animali selvaggi
Wildschwein cinghiale *(m)*
willkommen benvenuto
Wimperntusche mascara *(m)*
Wind vento
Windeln pannolini *(mpl)*
Windpocken varicella
Windschutzscheibe parabrezza *(m)*
Windstärke intensità del vento
Winter inverno
wir noi
Wirbelsäule spina dorsale; colonna vertebrale
wirklich *(als Adjektiv)* reale; *(echt)* vero; *(als Adverb)* veramente
Wischmopp lavapavimento
wissen sapere
Witz barzelletta
WLAN WLAN/Wi-Fi
Woche settimana
Wochenende fine settimana; **am ~** il fine settimana
wochentags durante la settimana
wöchentlich *(als Adjektiv)* settimanale; *(als Adverb)* settimanalmente
wohnen abitare
Wohnmobil cạmper *(m)*
Wohnort domicịlio
Wohnung appartamento
Wohnwagen roulotte *(f)*
Wohnzimmer soggiorno
Wolke nụvola
Wolldecke coperta di lana
wollen volere
Wort parola
Wunde ferita
wunderbar meraviglioso
wünschen desiderare
Würstchen wurstel *(mpl)*
Würste salsicce
würzen condire, drogare
Wut rạbbia
wütend arrabbiato

Z

zäh duro
Zahl nụmero
zahlen pagare
zählen contare
Zahlung pagamento
Zahn dente *(m)*
Zahnbürste spazzolino da denti
Zahncreme, Zahnpasta dentifrịcio
Zahnfleisch gengiva
Zahnschmerzen mal *(m)* di denti
Zahnstocher stuzzicadenti *(m)*
Zäpfchen supposta
Zecke zecca
Zehe dito del piẹde
Zeichen segno; *(Beweis)* prova
Zeichensprache linguạggio mịmico, linguaggio a segni
zeichnen disegnare
zeigen mostrare
Zeit tempo
Zeitschrift periọdico, rivista
Zeitung giornale *(m)*
Zeitungshändler giornalạio
Zelt tenda
zelten campeggiare
Zentimeter centịmetro
Zentralheizung riscaldamento centrale
Zentrum centro
Ziegenkäse formạggio di capra
ziehen tirare
Ziel scopo; *(Reiseziel)* meta
ziemlich abbastanza
Zigarette sigaretta
Zigarettentabak tabacco per sigarette *(m)*
Zigarillo sigaretto
Zigarre sịgaro
Zimmer cạmera
Zimt cannella
Zitronen limoni *(mpl)*
zögern esitare
Zoll dogana
Zollerklärung dichiarazione *(f)* doganale
zollfrei esente da dạzio doganale
Zollgebühren tariffe *(fpl)* doganali
zollpflichtig soggetto a dạzio doganale
Zoo zoo *(m)*
zornig adirato, arrabbiato
zu *(Richtung: Sachen)* a, in, verso; *(Richtung: Personen)* da; *(geschlossen)* chiuso;
zu sehr, zu viel troppo
zubereiten preparare
Zucchini zucchini *(mpl)*
Zucker zụcchero
zuerst prima
zufällig per caso
zufrieden contento, soddisfatto
Zug treno
Zugbegleiter/in conduttore/ conduttrice
zuhören; **jemandem ~** ascoltare qualcuno
zulässig ammesso
Zündkerze candela
Zündschlüssel chiave *(f)* d'accensione
Zunge lịngua
zurück indiẹtro
zurückfahren tornare indietro
zurückgeben ridare, restituịre
zusagen *(Einladung)* accettare
zusammen insiẹme
Zusammenstoß scontro, collisione *(f)*
zusätzlich supplementare, in più
Zuschlag supplemento
zuständig competente
zustimmen aderire, acconsentire
zuverlässig fidato
zweite(r, -s) secondo, -a
zweitens secondo
Zwiebel cipolla
zwischen tra, fra
Zwischenlandung scalo
Zwischenstecker spina di adattamento

BILDQUELLEN

* - Shutterstock

U1 */(StevanZZ), New York; **9** */(f11photo), New York; **13** */(G-Stock Studio), New York; **23** */(Iakov Kalinin), New York; **40** */(Morozova Oxana), New York; **52.1** */(Noppasin Wongchum), New York; **52.2** */(Garsya), New York; **52.3** */(Mariia Golovianko), New York; **52.4** */(muratart), New York; **52.5** */(s4svisuals), New York; **52.6** */(Artyart), New York; **52.7** */(leoks), New York; **52.8** */(pedrosala), New York; **52.9** */(Tania Zbrodko), New York; **52.10** */(DinoPh), New York; **52.11** */(Gianluca Curti), New York; **52.12** */(Marco Rubino), New York; **53** Fotolia (elenabdesign), New York; **56** */(ARCANGELO), New York; **60** iStockphoto (Eric Hood), Calgary, Alberta; **77.1** Fotolia (Giuseppe Lancia), New York; **77.2** */(Karen Sarkisov), New York; **77.3** Fotolia (Rémy MASSEGLIA), New York; **77.4** Dreamstime.com (Wksp), Brentwood, TN; **77.5** Fotolia (Andrei Nekrassov), New York; **77.6** Fotolia (dulsita), New York; **77.7** Fotolia (Dani Vincek), New York; **77.8** Fotolia (HelleM), New York; **77.8** Fotolia (BSANI), New York; **77.9** Fotolia (felinda), New York; **77.10** Fotolia (Dionisvera), New York; **77.11** Fotolia (pedrolieb), New York; **77.12** */(Andy Lidstone), New York; **77.13** Fotolia (o.meerson), New York; **77.14** Fotolia (ExQuisine), New York; **77.15** Fotolia (Dalmatin.o), New York; **77.16** Fotolia (Picture Partners), New York; **77.17** Fotolia (Gaetan Soupa), New York; **77.18** Dreamstime.com (Wksp), Brentwood, TN; **77.19** Fotolia (lunamarina), New York; **77.20** Dreamstime.com (Onepony), Brentwood, TN; **78.1** Dreamstime.com (Givaga), Brentwood, TN; **78.2** */(valeriy555), New York; **78.3** Fotolia (sspice), New York; **78.4** Fotolia (Sergejs Rahunoks), New York; **78.5** Fotolia (Sergii Moscaliuk), New York; **78.5** Fotolia (Diana Taliun), New York; **78.6** Fotolia (ExQuisine), New York; **78.7** Fotolia (Corinna Gisseman), New York; **78.8** Fotolia (Viktor), New York; **78.9** Fotolia (Picture Partners), New York; **78.10** Fotolia (IrisArt), New York; **78.11** Fotolia (BeTa-Artworks), New York; **78.12** Fotolia (Marius Graf), New York; **78.13** Fotolia (Peredniankina), New York; **78.14** Fotolia (Kesu), New York; **78.15** Fotolia (Viktor), New York; **78.16** Fotolia (ExQuisine), New York; **78.17** Fotolia (Piovanello), New York; **78.18** */(Aleksandr Sulga), New York; **78.19** Fotolia (gtranquillity), New York; **78.20** Dreamstime.com (Travellinglight), Brentwood, TN; **79.2** */(Abramova Elena), New York; **79.2** Fotolia (valeriy555), New York; **79.3** Fotolia (Irochka), New York; **79.4** Fotolia (valeriy555), New York; **79.5** Fotolia (valeriy555), New York; **79.6** Fotolia (valeriy555), New York; **79.7** Fotolia (valeriy555), New York; **79.8** Fotolia (valeriy555), New York; **79.9** Fotolia (valeriy555), New York; **79.10** Fotolia (Schlierner), New York; **79.11** Fotolia (jerome signoret), New York; **79.12** Fotolia (Malyshchyts Viktar), New York; **79.13** iStockphoto (stock_colors), Calgary, Alberta; **79.14** Fotolia (valeriy555), New York; **79.15** Fotolia (valeriy555), New York; **79.16** Fotolia (valeriy555), New York; **79.17** Fotolia (margo555), New York; **79.18** Fotolia (valeriy555), New York; **79.19** iStockphoto (Sandra Caldwell), Calgary, Alberta; **79.20** Fotolia (valeriy555), New York; **80.1** Fotolia

(Oleksiy Ilyashenko), New York; **80.2** Fotolia (valeriy555), New York; **80.3** Fotolia (valeriy555), New York; **80.4** Fotolia (valeriy555), New York; **80.5** Fotolia (valeriy555), New York; **80.6** Fotolia (valeriy555), New York; **80.7** Fotolia (Malyshchyts Viktar), New York; **80.8** Fotolia (valeriy555), New York; **80.9** */(Yellow Cat), New York; **80.10** Fotolia (valeriy555), New York; **80.11** Fotolia (valeriy555), New York; **80.12** iStockphoto (Caziopeia), Calgary, Alberta; **80.13** Fotolia (valeriy555), New York; **80.14** Fotolia (valeriy555), New York; **80.15** Fotolia (Malyshchyts Viktar), New York; **80.16** Fotolia (valeriy555), New York; **80.17** Fotolia (valeriy555), New York; **80.18** */(siriratsavett), New York; **80.19** Fotolia (valeriy555), New York; **80.20** Fotolia (valeriy555), New York; **81** */(Alliance Images), New York; **84** Thinkstock (istockphoto), München; **99** */(PhotoStock10), New York; **103.1** */(Stefano Ember), New York; **106.1** Fotolia (Kzenon), New York; **106.2** */(Creative Lab), New York; **106.3** */(flocu), New York; **106.4** */(spatuletail), New York; **106.5** Fotolia (Bauer Alex), New York; **106.6** */(crbellette), New York; **106.7** */(Grzegorz Petrykowski), New York; **106.8** iStockphoto (vasiliki), Calgary, Alberta; **106.9** Fotolia (Andres Rodriguez), New York; **106.10** */(Adriano Castelli), New York; **106.11** Fotolia (Africa Studio), New York; **106.12** Fotolia (paul prescott), New York; **107** */(inxti), New York; **109** */(Shaiith), New York; **119** */(Roberto La Rosa), New York; **121** Fotolia (Gina Sanders), New York; **144.1** Fotolia (davis), New York; **144.2** */(Luis Santos), New York; **144.3** */(Gervasio S. _ Eureka_89), New York; **144.4** Fotolia (playstuff), New York; **144.5** Fotolia (Arcady), New York; **144.6** */(mellutto), New York; **144.7** Fotolia (Kalle Kolodziej), New York; **144.8** Fotolia (Silvano Rebai), New York; **144.9** Fotolia (Fiedels), New York; **144.10** Fotolia (Claudio Divizia), New York; **144.11** Fotolia (Birgit Reitz-Hofmann), New York; **144.12** */(Paolo Paradiso), New York